U0960124

国家精准扶贫战略下
“沂蒙精神”的乡村传承研究

王琳　孔丽娟　王焕全　著

天津大学出版社
TIANJIN UNIVERSITY PRESS

图书在版编目(CIP)数据

国家精准扶贫战略下"沂蒙精神"的乡村传承研究 / 王琳, 孔丽娟, 王焕全著. —天津:天津大学出版社, 2022.6

ISBN 978-7-5618-7220-8

Ⅰ. ①国… Ⅱ. ①王… ②孔… ③王… Ⅲ. ①民族精神-研究-临沂②农村-扶贫-研究-临沂 Ⅳ. ①D648.4②F323.8

中国版本图书馆 CIP 数据核字(2022)第 109077 号

出版发行	天津大学出版社
地　　址	天津市卫津路 92 号天津大学内(邮编:300072)
电　　话	发行部:022-27403647
网　　址	www.tjupress.com.cn
印　　刷	北京盛通商印快线网络科技有限公司
经　　销	全国各地新华书店
开　　本	710mm×1010mm　1/16
印　　张	12
字　　数	209 千
版　　次	2022 年 6 月第 1 版
印　　次	2022 年 6 月第 1 次
定　　价	65.00 元

内容提要

本书是在国家精准扶贫战略背景下完成的。在实际调研的基础上,对临沂地区乡村脱贫的实际情况进行了分析,并通过大量脱贫攻坚的成功案例总结了沂蒙精神的传承内容,探讨了沂蒙精神在乡村文化传承与国家精准扶贫战略协同机制构建中所发挥的作用。

本书共九章，主要包括精准扶贫战略、精准扶“贫”与乡村振“兴”融合共促、沂蒙山革命老区的精准扶贫和乡村振兴、沂蒙特色的乡村文化传承体系、沂蒙精神的乡村文化传承、沂蒙精神在乡村生态文明建设中的传承、沂蒙精神在特色产业中的传承、沂蒙人才助力乡村振兴、沂蒙乡村振兴的组织保障等内容。

通过阅读本书,读者可以了解沂蒙地区精准脱贫的发展历史、实际状况以及具体脱贫内容。本书可为沂蒙精神和沂蒙地区精准扶贫的研究者提供参考,也可以为从事乡村扶贫工作和乡村振兴工作的相关人员提供参考。

前言

国家精准扶贫战略和乡村振兴战略近年来一直备受关注,精准扶贫战略的实施使得全国贫困地区的贫穷面貌发生改变,贫困村的基础设施和服务水平得到完善和提升,农民整体素质提高,自我发展能力增强,贫困村变身成为美丽乡村,贫困村村民的幸福感增强。

精准扶贫战略是以政府为行动主导的,但是真正的实施取决于乡村地区具体的社区经济、区位地理、乡土文化传统等因素,很多先行研究把地域文化与其结合,取得了较好成就。本书首次把沂蒙精神与精准扶贫战略结合研究,探索新时期乡村治理、乡村经济发展与沂蒙精神的融合发展关系,以此表明沂蒙精神的当代价值是紧跟国家发展战略的。

本书创新性地对沂蒙地区乡村脱贫攻坚的内容进行分类,分析在沂蒙山革命老区如何更好地健全完善红色乡村文化,并把沂蒙精神融入国家精准扶贫战略中进行思考,指出沂蒙精神在乡村文化、乡村生态文明建设、特色产业、人才助力、组织保障五大方面的具体传承内容和发展方向,同时对临沂市的精准脱贫和乡村振兴的实际情况进行调研。

在乡村文化的传承中,沂蒙精神主要在“铸魂强农”工程、新时代文明实践工程、移风易俗工程、文化惠民工程、中华优秀传统文化传承发展工程“五大工程”中,深入挖掘文化特色,凸显沂蒙乡村文化的红色魅力。在特色产业扶贫中,沂蒙精神在优势产业开发、业态融合发展、乡村旅游增收、党建引领示范、资产盘活带动等方面,形成了具有沂蒙特色的产业扶贫发展模式。在人才助力上,临沂市以“四雁”工程为抓手,让典型人才发挥示范引领作用,通过培育新时代沂蒙扶贫“六姐妹”、依托驻村第一书记等,解决人才瓶颈问题。同时,临沂市以党建引领乡村治理，以党支部创办合作社、党支部创办好项目、党支部领办志愿服务队的实际成效改进乡村治理，传承沂蒙精神。

本书能够为我国当代农村建设研究提供新的视角和参考，对于增强文化自信、促进乡村振兴、推进农业农村现代化的进程具有重要意义。

目录

第一章
精准扶贫战略

习近平总书记高度重视农村、农民的扶贫开发工作，自党的十八大以来，习近平总书记多次深入一线进行调研，围绕扶贫工作中的突出问题发表了系列重要讲话，深刻论述了扶贫开发工作中的重大理论和实践问题，这些论述在不断实践中形成了科学的理论体系。习近平总书记对扶贫工作提出的战略思想是实现精准脱贫和乡村振兴的行动指南。

第一节　精准扶贫战略的提出与内涵

一、精准扶贫战略的提出

2013 年 11 月，习近平总书记到湖南省湘西土家族苗族自治州考察时首次提出“精准扶贫”的重要思想，并且指出“扶贫要实事求是，因地制宜；要精准扶贫，切忌喊口号，也不要定好高骛远的目标”①。2014 年 8 月 1 日，国务院决定从 2014 年起，把每年的 10 月 17 日定为“扶贫日”，并第一次提出了扶贫的实质，强调“注重精准发力”。此后，习近平总书记在不断考察和深入调查中，进一步丰富和完善了精准扶贫的思想内涵，制定了具体、有效的精准扶贫工作内容。

2015 年 1 月，习近平总书记在云南省考察工作时指出，“要以更加明确的目标、更加有力的举措、更加有效的行动，深入实施精准扶贫、精准脱贫，项目安排和资金使用都要提高精准度，扶到点上、根上，让贫困群众真正得到实惠”②。为了更好地落实精准扶贫战略，2015 年 6 月，习近平总书记在贵州省考察工作时第一次系统论述了精准扶贫“六个精准”的要求。他在讲话中提到“我们注重抓六个精准，即扶持对象精准、项目安排精准、资金使用精准、措施到户精准、因村派人精准、脱贫成效精准，确保各项政策好处落到扶贫对象身上”③。这是习近平总书记提出的精准扶贫战略的关键内涵，也是对未来精准扶贫工作提出的新要求。

---

① 郑风田等：《新时代脱贫攻坚的理论与实践》，人民出版社，2022，第 42 页。

② 李贞、雷龚鸣：《习近平谈扶贫》，《人民日报》(海外版)2016 年 9 月 1 日。

③ 中共中央文献研究室：《十八大以来重要文献选编》(中)，中央文献出版社，2016，第 720 页。

习近平总书记多次在工作会议中阐述了从精准扶贫到精准脱贫的具体工作内容，在党的十九大报告中，再次把精准扶贫提升到新的战略高度，并对扶贫攻坚提出了新要求、新方法和新任务，党的十九大报告中对精准扶贫的安排部署，能够保证脱贫工作在实践中走向胜利。

以上种种关于精准扶贫思想以及实践过程的阐述，都是习近平总书记提出的精准扶贫战略思想和他多年生活与工作经验总结的具体表现，这标志着精准扶贫思想在实践中不断得到发展、完善，并最终走向成熟。

二、精准扶贫战略的内涵

精准扶贫与过去粗放式的贫困帮扶不同，它是在习近平新时代中国特色社会主义思想的背景下形成的，是全面建成小康社会和实现共同富裕的必然要求。精准扶贫是在实事求是的基础上，运用科学的手段与方法对贫困地区进行划分，因地制宜制订扶贫计划，真正做到精准到户，确保扶贫资源用在贫困地区，用在扶贫对象身上。

1. 精准识别扶贫对象

真正的贫困地区有哪些？真正的扶贫对象是什么样的？要想让真正的贫困地区的人得到帮助，要想让扶贫工作准确高效，关键是扶贫对象的精准化。首先要解决好“扶持谁”的问题，通过合理有效的途径和手段把真正的贫困村、贫困人口、贫困原因、贫困程度彻底弄清楚，准确地找到要扶持的地区、家庭和人口；其次因地制宜、因人施策，不解决这个问题就不能准确、高效地把扶贫工作做好。

我国自 1982 年启动“三西”（甘肃定西、河西，宁夏西海固）专项扶贫计划，为开发式扶贫拉开序幕，到 1986 年有组织、有计划地推进开发式扶贫，再到 1994 年，国务院印发《国家八七扶贫攻坚计划》，从最开始的瞄准区域扶贫，到瞄准县级扶贫，再到瞄准村级扶贫，扶贫机制经历了多次转变。实践表明粗放式的扶贫方式暴露了很多问题。例如：在非贫困地区、贫困县或者贫困村生活的贫困户会被遗漏；整村扶贫中的非贫困户享受政策，使得贫困村内部贫富差距扩大；等等。对扶贫对象识别不精准，会导致很多不符合标准的“贫困户”滥竽充数，而真正的扶贫对象却无法享受扶贫政策。这种粗放式的扶贫方式不利于社会公平的实现，也不利于实现精准脱贫。

首先,应制定“贫”的科学标准,即制定贫困户的收入指标。根据当地经济发展的实际情况,充分考虑每个家庭中的人口、年龄、劳动状况以及收支状况等,科学合理地制定“贫”的标准和选择机制,通过精准核查贫困人口的具体收支情况,识别其是否符合扶贫标准,确定相对贫困户,再进一步入户调查登记,详细了解贫困家庭的收入与支出情况,再由村委会和调查人员对比筛选,确保扶贫对象信息的真实性,最后对所识别的扶贫对象进行严格的确认公示,并接受监督。整个过程以多种形式进行宣传,让扶贫干部心中有数,贫困家庭对号入座。其次,应摸清“贫”的精准数量,一一建档立卡。为了保证贫困人口精准识别的准确性和科学性,在全国范围对贫困人口进行精准到户到个人的建档立卡,并建立扶贫的专门信息系统,不让一个贫困人员和一户贫困家庭掉队,并在充分遵循民主公平原则的基础上,保证对贫困户认定工作的公开、透明。

总之,全面、准确、高效地识别贫困对象,是实现精准脱贫的基础。

2. 精准安排扶贫项目

精准识别出扶贫对象后,找出导致贫困的原因,再根据实际情况有针对性地落实帮扶措施、制订帮扶计划、安排扶贫项目,集中一切力量给予扶持,做到真扶贫,扶真贫。扶贫项目的安排要瞄准对象,实施扶贫项目的最终目的是让真正的贫困户获得持续稳定的收入,不同区域的贫困人口、贫困原因和贫困类型都是不同的,在扶贫项目的安排上要对症下药。

根据各地的特色资源、产业优势,因地制宜,把贫困地区的实际情况和贫困群众的意愿紧密结合,按照脱贫“五个一批”工程,宜农则农、宜畜则畜,适合开发旅游项目的则开展宜游扶贫,充分发挥资源优势。首先,要确定通过何种渠道扶贫,有针对性地选择相应的扶贫项目,资源匮乏、生态环境恶劣且无法改造的贫困地区,应当搬迁;有产业发展资源的贫困地区,应积极引导,依托优势资源,加大资金和政策的扶持力度,帮助当地贫困户脱贫致富。其次,要处理好项目安排和政策扶持的关系,加大土地、财政、金融等对扶贫项目的支持力度,注重与教育扶贫、科技扶贫、交通道路扶贫、医疗卫生扶贫等专项扶贫相结合。

造成贫困的原因千差万别,必须精准安排扶贫项目,严格监测扶贫项目的精准落地,确保扶贫项目取得真成效。

3. 精准管理扶贫资金

扶贫项目的实施需要扶贫资金的支持,扶贫资金的精准使用与管理是实现精准扶贫目标的关键,扶贫资金要用在刀刃上,才能最大限度地发挥扶贫资金的重要作用。近几年来,国家拨付的扶贫资金金额逐年增加,贫困地区得到发展,贫困人口得到帮扶,但是在扶贫过程中难免存在资金使用不当、到位不及时、管理不明确等问题,甚至个别地方存在挪用扶贫资金等违法现象。

如何精准管理扶贫资金?首先,应确保扶贫资金真正用在扶贫工作上。必须在符合政策的范围内使用扶贫资金,扶贫资金只能给贫困地区和贫困户使用,确保专款专用。扶贫资金是每一个贫困户的救命钱,其使用情况必须公开透明,把资金用在刀刃上,让有限的资金发挥无限的价值。其次,要提高扶贫资金的使用效率,根据贫困地区的实际情况,合理分配扶贫资金,明确必须到人、到户、到村的资金,以及部分可以依托重点扶贫项目进行整合的资金,把各类扶贫资源进行统筹安排,集中力量解决最突出的贫困问题。有效利用扶贫资金,积极引导金融机构、社会力量将新方法、新模式运用到扶贫开发工作中,推进扶贫项目高质高效实现。最后,政府和相关财政部门要对扶贫资金进行严格监管,建立扶贫资金监管体系,对扶贫项目和扶贫资金进行全程全方位监管,对扶贫项目从申请、立项、审查、资金到账、实施、成果验收进行全程监管,让扶贫资金的使用规范化、透明化。

在扶贫资金的使用上,要不断探索扶贫增益的新路径,扶贫资金的投入、分配、管理都必须精准,才能促进贫困地区经济发展,提高贫困人口的生活水平。

4. 精准落实扶贫措施到户

从党中央的扶贫政策和贫困地区的实际状况出发,通过派驻干部进村入户调查,掌握导致贫困的原因,分类制定帮扶措施,逐户落实扶贫责任人,并严格落实责任制,明确扶贫的具体措施和工作重点,解决"怎么扶"的问题。

扶贫措施中的个体性和整体性之间区分度和衔接度不够,导致贫困的原因复杂多样,既有整体性、区域性的,如地理位置偏僻、生存条件恶劣、自然资源匮乏等,也有家庭性、个体性的,如因残因病致贫、因意外事故致贫等。贫困的原因是多重的,在制定扶贫措施时要考虑导致贫困的复杂性和多重性。然而有的地方政府因为扶贫任务繁重、时间紧迫,并没有对贫困户的个体性和差异性做出分类分析,就制定了帮扶措施,导致贫困状况和贫困原因与扶贫措施的衔接不够紧密。扶贫措施的制定和落实应是灵活多变的,要兼顾贫困户的共性与个性问题。

扶贫措施基本都是以政府为主导自上而下制定的,虽然在精准入户的导向下有所改善,但是能够参与扶贫措施制定的贫困户数量有限,多数贫困户的实际脱贫需求无法传递,基本上都处于被动接受的状态,不利于提高贫困人口自身脱贫的积极性。贫困户在脱贫过程中会遇到很多障碍,如缺乏资金、没有技术、信息获取能力差等,精准落实扶贫措施,一定要努力提高扶贫对象的自我发展能力,帮助他们解决制约发展的关键问题。

扶贫措施到户最重要的就是在“人”和“钱”两个方面进行落实,安排帮扶人员并落实责任,通过帮扶人员挨家挨户进行信息核实,了解贫困户具体的生活状况,通过帮扶人员一对一帮扶,与贫困户建立沟通的桥梁。领导干部更要全身心投入,按照国家扶贫政策帮助贫困户找到发展方向,与群众一起发展,制定各个阶段的扶贫措施规划,合理安排工作重点和实施措施,领导干部要有长远发展的眼光,精准安排扶贫措施,切实帮助困难人口脱贫。

5. 精准选派干部

好的领导班子和带头人是脱贫致富的关键。首先,要选派能力强、作风正、思想好的优秀干部到农村抓扶贫,特别是精准选派第一书记,这对精准脱贫工作非常重要。2020 年 4 月,国务院扶贫开发领导小组办公室(简称国务院扶贫办)政策法规司司长陈洪波在加强农村贫困人口帮扶工作情况发布会上介绍:全国各地的驻村干部已基本到岗,到 2020 年 2 月底到岗约率 95%,到 3 月底到岗率约 99%。驻村干部要及时了解新型冠状病毒肺炎疫情(以下简称新冠肺炎疫情)对脱贫的影响,掌握所负责地方贫困户的生产发展情况,根据当地实际帮助贫困户发展生产,并利用自己掌握的科学技术拓宽当地特色产品的销售渠道,为农村地区实现脱贫和发展注入新鲜血液。

其次,要落实驻村干部的责任。一是党建责任,应加强对农村基层党组织的管理。二是为民办实事,到田间地头与村民交流和沟通,发现贫困户存在的问题,了解贫困户的诉求,把群众的冷暖记在心上,向农民普及惠农政策,解决农民的矛盾纠纷。三是发展责任,利用各种资源发展特色产业和农村经济,驻村干部要帮助贫困户解决医疗、教育、住房等方面的实际困难。

加强驻村干部的工作作风建设,坚决杜绝贪污腐败和弄虚作假等行为的发生。对驻村干部的工作进行严格监督和考核,通过实地考核和专门考核,督促他们认真从事扶贫工作,提高其责任心和使命感。在各地加大对第一书记先进典型的宣传力度，树立榜样、激励先进，通过第一书记的先进事迹鼓励驻村干部提高扶贫工作的积极性。

6. 脱贫成效要精准

习近平总书记指出，“扶贫工作必须务实，脱贫过程必须扎实，脱贫结果必须真实”[①]。精准扶贫的目标是到2020年贫困村和贫困人口全部脱贫，稳定实现贫困地区教育、住房和医疗有保障，贫困人口不愁吃不愁穿，贫困地区不再返贫。脱贫的质量和成效是检验精准脱贫工作的标准，脱贫手段、资金和政策等都要在落地中见实效，脱贫的成效要由群众来检验，所有的工作都要落到实处，脱贫工作需要下硬功夫、苦功夫和真功夫才能实现脱贫目标，脱贫结果要经得起历史和实践的检验。

我们检验脱贫成效需要形成全面、合理、科学的脱贫成效评价体系，利用云计算和大数据等技术手段，对脱贫过程中的数据进行抓取，按阶段跟踪并检验，科学确保脱贫成效的精准性。贫困户数量有没有减少、家庭收入有没有增加、会不会再次返贫等问题需要长期跟踪，脱贫成效也需要逐一检验。

脱贫成效不只停留在当下，在未来的发展和乡村振兴中还需进一步巩固，使贫困村获得内生动力，杜绝返贫现象出现。贫困村逐渐朝着现代化方向发展，需要政府在市场配置、产业发展、文化引领等方面继续下功夫，从脱贫到增收致富，一步一个脚印，才能保持脱贫成效的可持续性和稳定性，为之后的乡村振兴奠定坚实基础。

三、精准扶贫战略内涵总结

“六个精准”是习近平总书记提出的精准扶贫战略思想的内涵，要求我们以精准的视角和思维、精准的措施开展扶贫工作，“六个精准”是分类指导、实事求是、因地制宜的补充和深化总结，它的提出丰富了精准扶贫的内涵体系。

精准扶贫的核心内涵之一是在扶贫的每一步中都要投入感情的真情扶贫，即从情感上对困难群众产生认同，帮助最需要帮助的人。

精准扶贫是在党的领导下的组织扶贫，是一项全局性的工作，各级党委和政府要发挥组织带头作用，确保精准扶贫工作的方向正确，通过党员联系贫困

---

① 习近平：《在深度贫困地区脱贫攻坚座谈会上的讲话》，人民出版社，2017，第19页。

户的帮扶,既激活了组织力量,也锻炼了一批高素质的干部。精准扶贫是在发挥市场作用下的发展扶贫,是一项拔穷根的工作。在市场资源配置中发挥好政府作用,最直接和有效的扶贫办法是立足贫困地区的特色产业,进行产业扶贫,脱贫不是最终目标,全面实现乡村振兴才是最终目标。

精准扶贫是在充分调动贫困人口积极性的基础上的自立扶贫。富裕的生活是不会自动降临的,人们要发挥主观能动性,在脱贫行动中掌握事物发展的规律,在党组织的领导下调动群众的积极性,把发展的主动性掌握在自己手里。贫困户是扶贫的对象,也是致富的主体,精准扶贫把扶贫与扶智结合起来,引导贫困人口自力更生,激发他们通过自己的努力改变贫困面貌的决心。

第二节 国家精准扶贫的主要内容

习近平总书记提出,扶贫开发是全党全社会的共同责任,要动员和凝聚全社会力量广泛参与。要坚持专项扶贫、行业扶贫、社会扶贫等多方力量、多种举措有机结合和互为支撑的“三位一体”大扶贫格局,健全东西部扶贫协作、党政机关定点扶贫机制,广泛调动社会各界参与扶贫开发积极性①。

一、专项扶贫

由国家财政安排专项扶贫规划并划拨资金,地方政府和各相关部门根据实际情况组织实施扶贫项目,按照省里负总责、市里和县里抓落实、村里抓实施、扶贫应到户的要求,通过易地搬迁扶贫、产业扶贫、整村推进、就业扶贫、以工代赈、特殊地区扶贫试点、建设革命老区等专项工程实现精准扶贫。

1. 易地搬迁扶贫

易地搬迁扶贫是一项不得已而为之的措施, 也是一项非常复杂的工程,不仅政策性强,而且难度大。易地搬迁扶贫的模式主要针对两种情况。第一种是生存条件极其恶劣、频发自然灾害甚至不能进行生产活动的贫困地区,应采用整体搬迁的方式。第二种是人口压力大,生态环境恶化,资源紧张,在地区改善方

① 燕继荣:《凝聚全社会参与脱贫攻坚合力》,《光明日报》2019 年 10 月 17 日。

面面临多重困难，改善道路、水电不仅成本过高，而且价值不大，加上地区资源不丰富，就地脱贫愿望难以实现，对这种贫困地区，应开展部分易地搬迁方式，把贫困人口搬到自然环境、生产条件、交通设施更好的地方。但是无论是哪一种情况，在易地搬迁过程中都应充分听取贫困人口的意见，遵守自愿原则，对不愿易地搬迁的群众应积极引导，杜绝强迫实施。

通过易地搬迁的方式实现精准脱贫，不仅需要维持搬迁人口的生存条件，还要为他们提供就业机会，使他们尽快融入新生活，并且要不断完善社会服务。这对政府的工作提出了较高的要求，政府不仅要有治理经验，还要有高度的责任感。

搬迁只是一种方式，脱贫才是最终目的。要想方设法为搬迁人口创造就业机会，保障他们有稳定的收入，同当地群众享受同等的基本公共服务，确保搬得出、稳得住、能致富[①]。易地搬迁安置的贫困人口来自四面八方，因此应发挥基层党组织的引领作用，加强社区建设和管理，引导搬迁者尽快适应新环境，融入当前的生活中。之后逐渐开展后续扶持工作，大力发展农业设施，拓宽就业渠道，让搬迁者实现就地就业，鼓励创业，并提供相关职业技能培训，通过易地搬迁真正实现搬一户、脱贫一户，及时解决出现的各种问题，稳步致富。

2. 产业扶贫

产业扶贫，是以脱贫为目的，以贫困地区资源禀赋为基础，以市场为导向，以产业为依托，以扶持政策为保障的扶贫开发新举措[②]。发展产业才是实现精准脱贫的长久之计，党的十八大以来，国务院扶贫办、农业农村部等不断加强对贫困地区的特色产业的指导，并出台相关政策，及时总结示范典型，扎实推进贫困地区产业发展工作。

充分利用贫困地区的环境优势、生态资源和文化特色，确定特色支柱产业，贫困地区的蔬菜、林果、禽畜、旅游等特色产业都可以帮助地区实现脱贫。但是要注意差异化发展，一些地区为了尽快完成脱贫任务，不分析当时当地的实际情况，复制照搬其他地区的经验，会出现严重的同质化现象。确立特色优势产业后要加强品牌建设，打造当地农产品和企业的品牌，有了品牌产业才能真正扎

---

① 中共中央文献研究室：《十八大以来重要文献选编》(下)，中央文献出版社，2018，第 40–43 页。

② 中共中央组织部干部教育局、国务院扶贫办行政人事司、国家行政学院教务部：《精准扶贫 精准脱贫：打赢脱贫攻坚战辅导读本》，党建读物出版社，2016，第 184 页。

根。可以通过参加相关博览会和交易会，推广贫困地区的品牌产品，在与市场的衔接中提升品牌的影响力。

产业发展的根本动力是市场需求，产业要想持续发展，必须以市场为导向，在生产、加工和销售等环节与市场需求紧密衔接，建立完整的生产和营销体系。加大培育各类生产经营主体，鼓励个人、社会组织和龙头企业参与脱贫，在多种经营主体的共同努力下可以提高产业脱贫效率。

产业扶贫离不开完善的后续帮扶政策，土地、资金、技术、金融等方面都要为产业健康持续发展提供保障。在政府资金的支持下，引导更多的社会资本、金融资本投入，形成多元化机制，依托各方面的优势条件，发展一批绿色惠农产业。但产业的发展不能以牺牲环境为代价，应推动贫困地区的产业绿色化发展。

3. 整村推进

整村推进是以扶贫工作中的重点村作为对象，在政府的主导和群众的支持下，实施科学规划，集中投入、重点建设、资源整合、整体推进，分批进行产业开发、基础设施建设、社会事业改善，并逐一验收的扶贫方式。

以村为单位进行统一规划，把来自各方的财力、人力和物力捆绑在一起，科学合理地选择项目，集中一切力量解决突出问题，特别是道路建设、水电设施、学校建设、医疗卫生等，要从整体上改善贫困落后的局面。在生产和生活条件改善之后，大力发展贫困村的特色产业，并依托产业开展技术培训，提高贫困人口的劳动技能。

整村推进还包括提升农村人居环境，改善村子里的荒坑荒地，让农村的交通更便捷畅通、农民用水电更便利安全、网络通信更优质，对污水、垃圾的处理更科学，对厕所进行改造。贫困村将一改过去贫困的面貌，从整体上变得整洁亮丽，人居环境的改善，巩固了精准脱贫的成效。

4. 就业扶贫

2016 年中华人民共和国人力资源和社会保障部、中华人民共和国财政部、国务院扶贫办联合印发了《关于切实做好就业扶贫工作的指导意见》(人社部发〔2016〕119 号)，其中提出目标任务：围绕实现精准对接、促进稳定就业的目标，通过开发岗位、劳务协作、技能培训、就业服务、权益维护等措施，帮助一批未就业贫困劳动力转移就业，帮助一批已就业贫困劳动力稳定就业，帮助一批贫困家庭未升学初、高中毕业生就读技工院校毕业后实现技能就业，带动促进 1 000

万贫困人口脱贫。

脱贫地区应积极开发当地的就业岗位，鼓励贫困农民自主创业。当地创业致富带头人在本地创业，建立创业孵化中心，带动当地更多的贫困户实现就业。通过开展劳务协作，在省内经济条件好的地区和贫困地区之间开展劳务协作，在摸清贫困人口就业的实际需求后，支援地区积极提供对口支援服务，有组织地进行劳务输出，确保就业岗位精准对接。各地要鼓励优势企业申报就业基地，定向为贫困人口提供就业岗位，加强对在支援地就业的劳动力的管理，确保就业稳定。

围绕就业和企业需求，充分利用各种培训资源，有针对性地开展技能培训，对贫困劳动力进行岗前培训、岗位技能培训，提高贫困劳动力的就业能力。对在职业技术院校就读且已经建立了贫困档案的学生，通过提供小额助学贷款、助学金甚至免收学费等形式，帮助其顺利完成学业和就业。

各地政府要科学设置农村公益性岗位，针对无法外出就业的特殊群体，开发农村保洁员、治安管理员、照顾孤寡老人和看护留守儿童等岗位，优先安置无力脱贫的人口。

5. 以工代赈

以工代赈是指受救济者参加由政府投资建设的工程以获得劳务收入，这是一种间接的扶贫手段。国家在农村投资基础设施工程，通过组织贫困对象参加农村小型工程项目的建设，通过修筑农村道路、兴建水利设施、农田治理等，帮助他们获得基本收入，实现赈济。

在实施以工代赈政策的地区投资建设的基础设施和公共工程，能够促进当地社会经济的可持续发展。以工代赈可以激发贫困农民树立靠自己脱贫的信心，还可以缓解贫困地区农村剩余劳动力的就业问题，成为贫困人口在家门口就业的重要途径。

6. 特殊地区扶贫试点

特殊地区扶贫试点是针对特殊问题和地区的一种扶贫方式，是一种创新性的扶贫机制。积极开展特殊地区扶贫试点，可以加快特殊地区的灾后恢复重建，加强贫困地区宽带和网络试点建设，让贫困人口能够享受远程教育、农村电商、远程医疗资源服务等。边境片区贫困地的扶贫，要充分利用边境地区的优势资源，加大政策支持，帮助其实现脱贫。此外，通过试点探索出的扶贫经验和模式，应在类似的地区扩大推广。

7. 建设革命老区

习近平总书记指出,“我们实现第一个百年奋斗目标、全面建成小康社会,没有老区的全面小康,特别是没有老区贫困人口脱贫致富,那是不完整的”①。在精准脱贫中,一是加大对革命老区的扶持力度,使革命老区的建设步伐更快,贫困人口都能过上幸福生活。国家对革命老区实行特殊扶持的政策,根据差别化的原则,制定研究重点领域的规划,在区域、产业、投资、消费等方面给予政策支持。二是加大对革命老区扶贫项目和投资项目的支持力度,特别是在革命老区的农村地区、民生领域以及生活环境保护和基础设施建设上给予重点支持,解决革命老区交通、电力、水利等方面的短板问题。三是加强对革命老区工作的统筹调度,对振兴革命老区发展的重大问题,相关部门要积极协调并推动发展,当地相关部门出台实施方案,从国家和省级层面给予政策支持。

二、行业扶贫

行业扶贫是“三位一体”大扶贫格局中的重要举措之一,是以政府为主导的扶贫开发工作,应发挥贫困地区各自的行业优势,使行业扶贫成为精准脱贫的重要力量。

通过行业扶贫支援贫困地区的教育发展,让贫困地区的孩子都有公平接受教育的权利,让孩子掌握真正有用的技能,真正从源头防止贫困代际传递现象的发生。全面加强义务教育的控辍保学工作,把贫困县区作为重点监测对象,对留守儿童、残疾儿童中的学前适龄儿童优先帮扶,确保每一名儿童都有接受教育的机会。为提升控辍保学质量,应全面加强贫困地区的学校建设,特别是一些寄宿制学校,可以解决学生因家庭困难、地处偏远带来的辍学问题,健全对困难学生的帮扶制度,以此确保学前教育的普及。对于贫困地区的薄弱学校进行全面改善,通过中央财政划拨专项资金,改善学校的环境、教学设施等,从硬件上改善贫困地区学校的办学条件。加强贫困农村教师队伍的建设,对乡村教师实施补助政策,招募年轻教师到贫困地区进行支教,为偏远地区、边疆地区以及革

① 《把革命老区发展时刻放在心上——习近平主持召开陕甘宁革命老区脱贫致富座谈会侧记》,《人民日报》2015年2月17日。

命老区提供人才支持。最后通过城市对农村的帮扶,实现城乡之间、区域之间和校际义务教育的资源共享,以及为困难学生提供资助服务等。以上相关措施和政策已覆盖教育精准脱贫中的核心问题。

健康扶贫是行业扶贫的重要内容之一,可以让患病的贫困人口有地方治病,并且有医疗保障,防止出现因病致贫甚至返贫的现象。从中央到地方的专项资金,用于提高贫困地区的医疗服务体系,使贫困人口能够享受基本的医疗卫生服务,自县级到乡级、村级全面改善医疗设施条件。对患有大病、重病、慢病的贫困人口进行分类救治,健康扶贫必须落实到个人,精准到病况,全面实现应治尽治、应保尽保。针对贫困地医疗和卫生人才缺乏的现象,当地可放宽学历和年龄等条件,通过直接考察或面试等方式进行招聘,以扩充贫困地医疗人才队伍;市县级三甲医院可派出医务人员进行对口帮扶,以提高当地医疗人员的技术水平。健康扶贫需要构建健康的环境,加大对重点疾病预防的宣传力度,提高贫困人口的健康意识。贫困人口的城乡基本医疗保险、大病保险和慢性病医疗补助等政策,有效减轻了贫困者的医疗负担。

对于丧失劳动力的农村贫困人口,采取社会保障兜底扶贫政策,这是精准扶贫的最后防线。农村低保户和"五保户"需要进一步提高标准,确保农民的基本生活保障达到省级扶贫线以上。救助制度进一步健全,特别是对重特大疾病的救助,医疗、慈善的救助,临时的救助等在脱贫中充分发挥作用,进一步完善残疾人和困难儿童等特殊贫困群体的福利保障制度。拓宽老龄化贫困人口的脱贫途径,通过子女赡养、集中建敬(养)老院、危房改造、邻里互助、政府购买服务等方式,解决贫困户的基本生活问题,对享受低保的困难户,给予生活物资的救济,改善其贫困状态。加强农村消防、养老、康复等公共服务设施的建设,在精准脱贫的战略下,让农村的社会保障制度更加公平和便利。

三、社会扶贫

在政府的主导下,动员社会各方力量参与社会扶贫,帮助贫困地区实现经济发展。社会扶贫中的重要内容是定点扶贫、企业和社会力量扶贫、军队扶贫、东西部扶贫协作等。

1. 定点扶贫

定点扶贫工作的推进应充分调动各方力量,中央和国家机关各部门各单位、参照公务员法管理的事业单位、国有大型骨干企业、国家重点科研院校、军队等,都应承担定点扶贫的任务。积极鼓励社会组织和民营企业承担定点扶贫工作,汇集多方力量,并采取多样化措施使定点扶贫实现全覆盖。

合理安排定点扶贫工作的具体任务。定点扶贫的单位要根据定点扶贫地区的现实需求和发展实际,制订切实需要的帮扶计划,积极为贫困地区争取项目、政策、人才和技术等。主要目标是解决定点扶贫地区存在的突出问题,以产业扶贫、整村推进等适合的方式,为定点扶贫地区办实事、出实招。定点单位要定期选派优秀人才赴扶贫地区挂职,把培养、提升干部和定点扶贫工作结合起来。各大科研院校要利用自身优势,结合自身的教学、科研工作,通过选派大学生下乡的形式,创新定点扶贫的样式。

2. 企业和社会力量扶贫

市场经济最重要的主体是企业,企业把技术、资本、管理、人才等优势和贫困地区的土地、生态、资源、劳动力有效结合,既可以带动贫困地区发展,从根本上把贫困地区的活力激发出来,又可以与脱贫对象实现共赢,把企业的积极性调动起来。

企业为贫困地区提供资金、钢铁、煤炭等支持,帮助贫困地区建设基础设施,开展易地搬迁等。同时把企业的优势与当地产业结合,首先组织企业参与乡村旅游扶贫、电商扶贫和光伏扶贫行动,企业通过投资项目、指导经营等方式,扶持贫困地区的重点特色产业。其次鼓励企业发展当地农业,特别是和农业密切相关的产业,厘清现代农业与现代物流之间的关系,发展农业龙头企业。最后企业与脱贫地区进行市场化合作,通过专业合作社与贫困户之间加强合作,企业投资蔬菜种植地、林果特色产业园等,探索与贫困村的畅销合作机制。

鼓励企业和社会力量通过各种形式投资贫困地区的社会养老产业,并组织经营状况好的企业,积极开展捐赠,救助灾民、孤儿、残疾人等。企业通过慈善捐赠等活动,树立良好的企业形象。

3. 军队扶贫

军队在脱贫攻坚中发挥着独特的作用,军队扶贫不仅仅是资金资助,更是从贫困人口的内心世界出发,帮助他们增强脱贫的个人志气,通过对贫困户身心上的引导达到脱贫的目的。

在农村基层党组织和村委会中选派一些政治素质好的退伍军人,他们虽然已退伍，但是又冲向了精准脱贫、美丽乡村建设的新战场。组织军队利用扶贫活动和野外训练等机会，慰问走访退伍老兵、伤残军人和特困户，并组织预备役军人开展入村帮扶活动，帮助残疾困难户完成必要的农耕活动。组织部分军人对贫困地区生存环境中的出行难、生活难等问题进行重点解决，特别是发生洪涝、地震、火灾等灾害地区，需要军人救灾抢险，保护灾区人民生命财产安全。各部队也应积极探索并创新精准扶贫的特色道路。

4. 东西部扶贫协作

东西部扶贫协作是党中央、国务院为加快西部贫困地区扶贫开发进程、缩小东西部差距、促进区域经济协调发展做出的一项重要战略决策。东部地区积极通过产业、资金、劳务帮扶等方式帮助西部地区的贫困人口脱贫。

坚持东西部地区优势互补，依托西部地区丰富的资源和较好的发展条件，创新产业间的协作。东部地区将产业和西部地区的资源进行有效衔接，促使西部贫困地区大力发展特色产业、优势产业和新兴产业。东部地区利用技术、资金、人才、管理等优势，在尊重客观实际的基础上，使得东部地区的各要素更好地向西部贫困地区流动，逐步深化扶贫协作。

西部地区贫困化程度较深的是一些边疆地区、少数民族地区和连片特困地区等，这些地方脱贫难度较大，在东西部扶贫协作中要做好对口帮扶工作，特别是考虑好贫困人口和扶贫产业之间如何衔接，把扶贫资源更好地用于贫困群众。西部地区要借鉴东部地区的智力资源，通过互派干部交流学习，把东部地区好的做法和理念传播到贫困地区，派优秀干部对西部地区的贫困人口进行培训、教育，不断提高贫困人口的综合素质，逐步提高西部贫困地区的自主脱贫和自我发展能力。

第三节 精准扶贫战略的意义和价值

精准扶贫战略是根据我国的基本国情、社会状况和经济发展中出现的贫困问题所提出的。精准扶贫是集中各种社会资源和各界社会力量，聚焦所有贫困对象和贫困地区，一个都不落地解决贫困问题，并逐步建立高效、高质的精准扶贫机制，促进中国特色社会主义扶贫事业的发展。

一、精准扶贫充分体现了社会主义制度的优越性

2020年在新冠肺炎疫情的影响下,全球贫富差距日益严重,很多国家的脱贫工作无法开展,举步维艰,但是中国的精准脱贫却取得了重大胜利。中国能够在如此短的时间内实现大规模脱贫,充分彰显了社会主义制度在贫困治理中的优越性。

精准扶贫战略体现了社会主义优越性中集中力量办大事的特色。改革开放以来,解放发展生产力,消除贫富差距,实现共同富裕是我国发展的追求目标,消除贫富差距的方式有很多种,例如通过劳动分配、社会保障和税收等方式,可以在一定程度上解决贫困问题,但是习近平总书记提出的精准扶贫却是最直接有效的方法。在党的领导下,建立政府、市场和社会力量协调推进的扶贫体系,利用政治、文化、经济、科技、军事等资源,共同开展扶贫工作,这是世界上其他任何国家都无法超越的政治制度优势。精准脱贫目标只有社会主义国家才能完成,因为社会主义国家的一切权力属于人民,所有的发展都是为了人民。

精准扶贫的实施过程坚持社会主义优越性中的以人民为中心,人民是历史的创造者,实现全体贫困人口脱贫的目标,离不开人民群众的创造性和主观能动性。精准扶贫帮助的是贫困人口,依靠的也是贫困人口,因此精准扶贫的实施过程并不是救济,而是要充分发挥贫困人口的积极性,让他们从脱贫中找到获得感和参与感,这样才能使他们形成不竭动力,从扶贫走向脱贫并致富。

二、精准扶贫是决胜全面建成小康社会的重要保障

2020年是决胜全面建成小康社会之年,在党的领导下,全国人民都在朝着全面建成小康社会而努力,全面小康是包括贫困人口在内的全体中国人的小康。我国一直以来都面临着贫困问题,不同的历史时期也实施着不同的扶贫政策,采用不同的扶贫方式,从传统的救济扶贫到开发扶贫,再到习近平总书记提出的精准扶贫,中国的扶贫从粗放演变到精准,取得了较高成效。

精准扶贫最重要的意义是大幅减少了农村的贫困人口,全面小康的实现,关键看农村人口是否脱贫,贫困地区不小康,就不是全面小康。党的十八大以来,习近平总书记每年都会去最贫困的地方考察,通过亲自调研了解贫困地区和贫困人口所面临的最真实的问题,通过亲自考察制定了精准扶贫战略。精准

扶贫不仅解决了贫困人口的衣食住行问题，而且解决了教育、医疗、住房、通信等民生难题。2020年政府工作报告指出，农村贫困人口减少了1 109万人，贫困发生率降低至0.6%，脱贫攻坚取得决定性成就。接下来要坚决打赢脱贫攻坚战，使农村的贫困人口全部摆脱贫困，并且优先稳就业，全部摘掉"贫困县"的帽子，在全面建成小康社会的路上农村和农民一个都不能掉队，同时大力支持扶贫产业，恢复经济发展，让脱贫群众迈向富裕。

习近平总书记提出的精准扶贫战略是全面建成小康社会的思想基础。一方面，精准扶贫的实施改善了贫困人口和贫困地区的生活条件，贫困人口收入得到增长，生活面貌得到巨大改变，在多方力量的帮扶下，贫困地区的特色产业不断壮大，生产力得到提升，生产方式发生转变，贫困人口在精准帮扶下不仅脱贫还致富。另一方面，精准扶贫使得全国贫困地区的贫穷面貌发生改变，贫困村的基础设施和服务水平得到完善，农民整体素质提高，自我发展能力增强，贫困村变成美丽乡村，贫困村民的幸福感增强。精准扶贫成为决胜全面建成小康社会的重要保障。

三、精准扶贫为国际社会的贫困治理提供了借鉴经验

贫困不仅仅是中国所面临的问题，更是世界各国都存在的现象，摆脱贫困是世界各国的共同愿望。自中华人民共和国成立之初的整体贫困，到今天的消除贫困，从站起来到富起来，靠的就是我们在长期实践中探索出的具有中国特色的脱贫发展战略。

"中国一直是世界减贫事业的积极倡导者和有力推动者"①。改革开放40多年来，中国的扶贫工作从未停止过，一直在不断推进，中国陆续摆脱贫困的人口有7亿多人，在全球的减贫扶贫工作中的贡献率高达70%，减贫工作受到全世界的认可和称赞。

当前全世界的贫困治理工作在新冠肺炎疫情的影响下，不仅难以开展，而且还面临着比以往更多、更大的挑战，脱贫任务更加艰巨，2020年全球新增大量的贫困人口。过去主要是农村地区的贫困人口较多，而新冠肺炎疫情导致全球经济衰退，新的贫困人口不断出现在城市居民中，世界各国都面临这一贫困难

① 《做世界减贫事业的有力推动者》，《人民日报》2021年2月28日。

题。非洲各国和中国都是发展中国家，在很多问题上非常相似，例如农业在经济发展中占据重要地位，特别是农村贫困人口较多、国土面积较大等，因此中国的精准扶贫战略可以为非洲各国脱贫提供借鉴和参考。非洲的乌干达学习中国的扶贫脱贫经验，制定了一系列支持农业发展和稳定经济的措施，例如给农村贫困人口分配土地，取消了不利于农业跨区域合作发展的限制政策，农民可以从银行贷款发展农业，提供农业方面的咨询服务，改善乌干达贫困地区的基础设施和医疗卫生状况，免费提供义务教育等。乌干达借鉴中国精准扶贫的经验取得了显著效果，贫困人口数量不断下降，一些特殊的贫困地区脱贫效果明显。

中国在实现自身脱贫的过程中也不断为其他发展中国家提供帮助和支持。通过“南南合作”对非洲、东南亚等国家提供脱贫援助，并通过“一带一路”倡议为沿线的国家提供更多的发展机会和脱贫经验。中国建立的国际扶贫合作关系是以合作共赢为核心的。从全世界看，中国的精准扶贫战略将为很多国家和地区的贫困治理提供有效的借鉴，中国的扶贫战略是在习近平总书记提出的精准扶贫理论和实践中展开的，中国特色的扶贫经验更是全球贫困治理的宝贵财富。

中国精准扶贫战略首先要坚持党的领导，以政府为主导，集中政治优势，层层落实精准扶贫的责任，并制定完善的精准扶贫策略；其次由国家和政府统一分配相关的扶贫资源，地方政府层层落实并集中开展。扶贫是国家和政府的重要工作，世界上的其他国家也应充分发挥政府的主导作用，只有在政府的主导下精准扶贫才能取得成效。

中国的精准扶贫是引导多方力量共同参与的扶贫方式。扶贫虽然是政府的工作，但是仅依靠政府是远远不够的，政府应当引导社会中的多方力量共同参与扶贫。党政机关虽然是扶贫的重要力量，但是还需要动员社会组织、民营企业以及个人团体等参与精准扶贫，引导扶贫中所需要的一切力量形成强大的社会合力，达到消除贫困的目的。

精准扶贫的核心是以人为本，扶贫工作的全过程都是建立在尊重贫困人口意见的基础上的。扶贫工作不能以强制命令的方式进行，特别是对在搬迁过程中不愿意搬迁的贫困户，要从思想上与他们进行沟通，及时解决搬迁中面临的困难。精准扶贫解决的是和贫困人口密切相关的养老、医疗、教育、就业等民生问题，都是为人民服务。世界上其他国家的扶贫也应以人为本，真正做到为贫困群众服务。

巴西、印度等国家贫困人口数量较多，如何精准地解决贫困问题并脱贫是非常重要的现实问题，习近平总书记提出的精准扶贫战略对这些国家的贫困治理亦有指导意义。

第二章

精准扶“贫”与乡村振“兴”融合共促

精准扶贫为贫困人口摘下了贫困帽子，使贫困现象得以消除，让贫困人口不愁吃穿，生活有了保障，也是实施乡村振兴战略的必要前提，更是实现“两个一百年”奋斗目标的坚实基础。2020年是精准扶贫战略和乡村振兴战略的历史交会点。贫困地区既要完成精准脱贫、决胜全面建成小康社会，又要探索如何把精准扶贫和乡村振兴无缝衔接，融合共促，真正使贫困人口和贫困地区在这两方面中协同推进，在精准扶贫与乡村振兴的实践中获得幸福感。

第一节 精准扶贫与乡村振兴的深度融合

一、乡村振兴战略的提出及主要内容

习近平总书记所作的党的十九大报告高度重视“三农”工作，强调农业农村农民问题是关系国计民生的根本性问题，必须始终把解决好“三农”问题作为全党工作重中之重，提出坚持农业农村优先发展，实施乡村振兴战略[①]。

乡村振兴战略坚持优先发展农村，让农业成为有奔头的产业，大力发展现代化农业。我国农业长期以来处于向现代化转型升级的初级阶段，和发达国家相比存在很大差距，乡村振兴战略下发展的农业首先要依靠科技创新，走出一条资源节约、产出高效和产品绿色的现代化农业之路，要在劳动过程中提高农业的机械化水平，只有现代化的高效农业才能让农民真正致富并过上好日子。提高农业产品的供给质量和附加值，突出农产品的特色，以绿色、安全、优质的农产品为主导，改变过去批量生产却无处销售、无法提高农产品价格的局面。对获得了市场认可的产品，要及时注册商标，走现代农产品品牌化道路。要提高农业的附加值，把地方特色杂粮、蔬菜、中药、花卉等升级提档，通过农业+文化+电商+旅游等方式进行融合，促进三大产业融合发展，延伸农业的产业链条。

乡村振兴战略使农民的身份发生了转变，过去农民种地是为了吃饭和生存，今天农民却可以成为一种职业，农民的幸福感在不断增强。随着农村创业政策的不断完善和落地，农村人口流出的现象在不断改善，曾经外出打工的农民

① 《十九大报告辅导读本》编写组：《党的十九大报告辅导读本》，人民出版社，2017，第209页。

纷纷回归农村开始创业，一部分城市人口也涌入农村寻找发展机会，共同参与乡村振兴的发展热潮。一方面应提升农民素质，帮助农民学习相关农业产业知识，另一方面应培育懂技术、会经营、有文化的新型职业农民。优化农民的年龄结构，提升农民的受教育程度，增强农民发挥主体作用的能力，从产业、政策、金融、社会保障和人才等方面做好保障和支持，真正以农民为中心，让农民也成为被人们羡慕的职业。

乡村振兴的最终目的是把农村建设成经济活跃、环境优美、设施齐全的美丽家园。农村的经济要协调发展，农业现代化首先要优先保障粮食的生产，稳定粮食的产量，其次要大力发展种植业和畜牧业，同时改善农村的水利、电力、道路等基础设施，提高农业生产能力，促进农村产业发展。在政府的引领下有序推进乡村建设，对乡村的土地、产业、生态、文化等因素进行合理的布局，分类推进村庄特色发展，对农村厕所、污水等进行科学建设和处理，提升村容村貌，让农村成为宜居的好地方。提升农村医疗、教育、卫生等公共服务，完善农村的网络、电商、物流等设施以及相关的娱乐休闲设施，通过建立广场和公园，为农民提供休闲健身场所，在乡村振兴战略带动下，让农村成为美丽家园。

二、精准扶贫与乡村振兴

精准扶贫与乡村振兴是实现“两个一百年”奋斗目标，推进农业、农村、农民、现代化的重大战略，精准扶贫是乡村振兴的前提和基础，乡村振兴是对精准扶贫的深化和巩固，两者相互独立的同时又紧密联系。在巩固精准扶贫成果的基础上，要推进精准扶贫和乡村振兴深度融合、有效衔接，研究分析处于历史交会点上的农村现状，有针对性地推进乡村振兴，并形成乡村振兴的整体合力。

1. 目标衔接

精准扶贫的目标是使绝对贫困的农村地区和农村人口，通过“五个一批”“六个精准”实现不愁吃、不愁穿，解决贫困人口最基本的生存问题，并在基本医疗、住房和教育上有保障，家庭人均收入达到脱贫标准，做到真脱贫、脱真贫。精准扶贫瞄准的是在2020年决胜全面建成小康社会和第一个百年奋斗目标，全面小康是全体百姓的小康，精准脱贫是让全体人员共享经济发展成果。

乡村振兴是在各地发展不平衡的背景下开始的一个长期奋斗过程。多数的农村地区处于刚刚脱贫阶段，这些农村地区在乡村振兴阶段的目标应和精准脱贫成果对接，必须根据当地的实际情况和发展规律，合理引导预期成果，脚踏实地，一步一个脚印地进行乡村建设，切不能贪大求快。乡村振兴的发展涉及很多方面，主要是“三农”问题的发展，优先发展农村、农业，使农村成为生态宜居、产业兴旺、生活富裕之地，从总体上激活农村的内生动力，为贫困群体获得稳定发展提供机会，进一步巩固精准脱贫政策的成果。乡村振兴的目标是到2050年实现第二个百年奋斗目标，二者的战略目标是一致的，二者之间相互衔接，逐步深化，实现了扶贫和致富的连续性。

精准扶贫目标的实现是全面建成小康社会至关重要的一步，是开启社会主义现代化强国建设的重要基础，也是乡村振兴顺利推进的基石。乡村振兴的战略目标更为广泛和长远，既提升和巩固了精准扶贫的成果，又指引“三农”问题向新的方向发展。最终实现精准扶贫和乡村振兴两大战略目标的相互衔接，融中共进，有序推进农村工作的开展。

2. 产业扶贫与产业振兴的衔接

产业的发展是做好脱贫攻坚的基础，产业扶贫是精准脱贫工作中的重要内容，各贫困地区都以产业扶贫为主导，积极创新产业扶贫新模式，在贫困地区鼓励大力发展特色种植业和养殖业以及当地的特色产业，通过产业帮助贫困人口和贫困地区脱贫致富，产业扶贫取得了积极的工作效果，贫困人口的收入增加了，贫困村的贫困面貌得到改善。对于贫困地区来说，要想实现精准脱贫到乡村振兴的转变，必须从根本上抓产业振兴。

在产业扶贫成效的基础上，首先，从产业规划上做好衔接。组织已经脱贫的地区把在扶贫中做得好的产业继续纳入乡村振兴中，并制定特色产业的发展规划，在土地使用、调整产业结构、保护生态环境等规划中做好衔接。根据当时当地的实际情况，把扶贫中零散的产业项目整合到优势的特色产业中，根据当地优势发展产业新形态，对全产业链进行开发，扶持发展乡村服务业和农产品加工业，从产业链上加快推进现代化。其次，从产业政策上进行衔接。科学评估和全面梳理当前的产业扶贫政策，将产业扶贫政策和乡村振兴政策进行对接。把产业扶贫中的帮扶资源逐步转接到产业振兴中。把精准扶贫中现有的专项资金和与农业相关的资金进行整合，用于支持产业发展，还要积极推进当地特色农产品的保险政策，为产业发展营造好的环境。政策支持从对贫困户的支持扩大到对农业合作社、龙头企业等新的经营主体的支持,在资金项目、用地用电、人才培养和金融保险等方面加大扶持,使农业向社会化和专业化服务体系方向发展,利用扶持政策更好地帮助脱贫户和小农户发展现代农业。最后,从产业体制和机制上进行衔接。借鉴精准扶贫中建立的产业机制和体制,将已脱贫地区的脱贫工作重心从产业扶贫向产业振兴转移。鼓励企业、批发市场和电商与脱贫地区建立较为稳定的产销关系,打造农产品的产品品牌和企业品牌,建设冷链物流、仓储保鲜等设施。

产业振兴是一个长期的历史过程, 要根据不同阶段的任务及时转变思路,在巩固脱贫成效的基础上,大力发展乡村振兴。

3. 政策衔接

精准扶贫的主战场在贫困的农村地区,乡村振兴的主战场也是如此,因此政策衔接是非常关键的,在政策上二者是可以共同推进和共享的。在精准扶贫工作中, 各贫困地区的政府都针对脱贫工作建立了很多创新性的工作机制,推出了系列脱贫政策,如干部驻村、专项投入、考核监督等。这些政策有力地推动了扶贫工作的开展,对这些扶贫政策进行全面梳理,找出和精准扶贫、乡村振兴相关的政策,根据实际需要,分类做好衔接。一是把农村现有的基础设施、产业扶贫、教育发展、环境整理、职业培训等继续纳入乡村振兴的常规政策中;农村医疗扶贫和低保兜底等政策继续纳入社会保障体系并对其进行汇总和完善。二是继续沿用处于过渡期的政策,取消已经完成扶贫任务的政策措施,并出台适合乡村振兴的新政策。

4. 人才队伍衔接

人才的振兴和人的振兴是精准扶贫和乡村振兴衔接的关键,从精准扶贫到乡村振兴,最重要的就是把贫困人口内在的主体意识激发出来,在精准脱贫中,把扶贫与扶志、扶智结合,把贫困群众的内生动力激发出来,是脱贫的关键之举。一方面,在扶智、扶志方面针对贫困劳动力开展了大量的技能培训,通过精神层面的激励,使得贫困人口有了强烈的自我脱贫意愿和自我发展能力。另一方面, 在精准扶贫中涌现的带头人和优秀干部激活了乡村振兴中的人才因素,为乡村振兴带来了发展动力,乡村振兴要在人才队伍建设中做好衔接。在乡村振兴工作中,应对精准扶贫中的社会帮扶、定点帮扶、结对帮扶等政策进行保留,继续加强选派驻村工作队和第一书记工作,对农村贫困地区持续进行人才选派,加强党对农村基层工作的领导,确保从精准扶贫到乡村振兴的过渡期内帮扶力量不撤退,防止返贫现象发生。充分利用精准扶贫工作中的优秀人才,他们熟悉当地农村的基本情况,见证了扶贫工作的全过程,并和当地的贫困人口建立了良好的帮扶关系,应选派其中有经验、有想法的人才继续为乡村振兴工作贡献力量。

乡村振兴比精准扶贫的任务更重,需要广泛动员和凝聚社会各方力量参与其中,形成稳定的工作队伍,并提供大量的人才支撑。一是引进人才,应充分利用优势资源和条件,吸引大学生返乡,鼓励大学生到乡村支教、支农,带着技术和知识投身乡村振兴工作,促进农村产业融合、经济发展,解决“三农”问题,并且帮助他们成长为乡村振兴中的骨干。同时做好人才引进的相关配套工作,包括激励机制、培养模式、保障政策等方面,特别是解决好优秀人才的住房、教育、医疗等与其切身利益相关的问题,全方位激发这些引进人才的创造力。另外,要鼓励党政、专业人才投身乡村振兴工作,建立高校、科研、企事业单位的技术人员兼职、挂职等制度,支持党员干部、企业家、技能人才通过志愿者等多种形式,从资金、技术、服务等方面参与乡村振兴工作。

二是激发农村人口的内生动力,加大对本土人才的培育,把本土人才作为重要支撑。强化对农村本地人才的培养,让农村基层党组织中的党员干部、现代农业带头人、精准扶贫中的致富典型、农村技术人才和农民企业家,充分发挥引领示范作用,激发农民的主动性和积极性,对农民开展职业培训,使其成为乡村振兴的重要动力。

5. 组织建设到组织振兴的衔接

强有力的组织是乡村振兴的重要保障,农村基层党组织在精准扶贫中发挥了重要作用,是农村队伍的中坚力量,他们将继续成为乡村振兴的组织保障。应充分发挥组织优势,把广大农民群众的思想和基层党员的思想凝聚起来,使其团结自身力量投身乡村振兴工作。

加强农村基层党组织的制度建设。基层党组织的制度化建设是推动组织振兴的重要途径,加大对基层党支部的建设,使党的领导深入贯彻到农村的每项工作中,同时发挥基层党组织的引领作用和村民的自治作用。在精准扶贫中各贫困地区都探索了很多党支部脱贫的创新形式,在乡村振兴战略中,更要把党支部和企业、其他社会力量紧密结合,在党组织的引领下,农民群众、带头人和企业等共同参与乡村振兴建设。加强对带头人和党支部书记的培训,定期举办职业技能和党员学习研修班,为乡村振兴储备组织人才。

实现乡村的组织振兴,每个脱贫地区都应该打造坚实的基层党组织,并培养优秀的基层干部,在政府负责的基础上健全党组织领导、群众参与、社会协同、村民自治机制,从组织上确保乡村振兴有序开展。

第二节　精准扶贫与乡村振兴融合的实践路径

在这个新的时代,只有让农村和农民摆脱贫困,乡村振兴才能打牢基础。乡村振兴实施的重点对象是近几年刚刚脱贫的农村地区,刚完成脱贫的地区基础设施等条件都较为落后,在很多方面都处于刚起步阶段,特别是乡村治理能力不足和治理体系不完善,这些问题需要逐一落实,既为乡村振兴打好基础,又巩固精准扶贫的成果。

精准扶贫是在传统粗放式扶贫基础上的创新,乡村振兴是在传统式乡村发展的基础上的创新,二者之间紧密关联。以精准扶贫助力乡村振兴无论是在理论上还是实践中,都是可行的,有助于推动农业的全面升级、农村的全面进步和农民的全面发展。党的十九大报告明确提出,要坚持农业农村优先发展,按照产业兴旺、生态宜居、乡风文明、治理有效、生活富裕的总要求,建立健全城乡融合发展体制机制和政策体系,加快推进农业农村现代化。党的十九大报告中对当前农村农业工作的部署,是乡村振兴工作要遵循的重要依据,精准扶贫与乡村振兴是一脉相承的,要处理好二者的逻辑关系,积极探索二者融合的实践路径。

一、城乡融合

习近平总书记指出,"要把乡村振兴战略这篇大文章做好,必须走城乡融合发展之路"①。城乡融合是中央提出的一个新概念,是加快农村农业现代化的根本保障,乡村振兴要充分利用城乡融合,以城市带动乡村、以工业补齐农业,形成城乡互补、工农互促、协调发展的新型关系,使人才、资本、土地在城乡之间双

---

① 习近平:《习近平谈治国理政》第三卷,外文出版社,2020,第 260 页。

向流动，实现农村发展的现代化。

1. 要素融合

城市在人才、管理、技术和资本等要素中具有优势，农村在土地、劳动力和资源等方面具有优势，要将城乡之间的优势要素结合，从而释放生产力。第一，要把工业技术和设备应用到农业生产中，探索以节约资源和增产农业为主的高效农业生产模式，提高生产效率。第二，在实施乡村振兴的地区成立城乡融合发展集团、乡村振兴集团，并搭建各种相关资源的平台，把资源要素带入农村，使城乡之间的资源要素融入生活、生产和生态中，形成高质量的融合发展新局面。第三，对政策性的扶持资金、土地整治的资金和社会资金等进行整合，用于整治农村的综合环境，包括厕所改造、危房改造、建设高标准农田，采用商业开发和企业、社区联合共建的方式，拓宽资金的融合渠道。第四，健全城乡基础设施和公共服务体系，在供热、供水、供气等基础设施方面做好城乡一体化建设，努力推动城乡之间在公共资源和公共服务上均等化，使社会公共事业向农村流动并全面覆盖。

2. 产业聚合

要深入推进农业供给侧结构性改革，因地制宜培育壮大优势特色产业，推动农村一、二、三产业融合发展。要打破产业格局和传统思维模式，使农村产业多元化发展，鼓励农村发展第二和第三产业，并成立产业园区，形成产业聚合，促进融合发展。通过产业聚合，发展以农业为根基的新产业、新模式、新业态和新技术，以此延伸农业的价值链，并为农民提供新的就业岗位，帮助农民就地就业。

城市的工业和商业资本可以利用农村的第一产业，发展休闲农业和观光农业等，在农村开展乡村文化旅游业和现代服务业，使当地农民、大学生、退役军人等参与农村经济建设，让他们在家门口就业、致富，并且在农村就能享受到和城市一样的生活服务。另外，可探索种植业、养殖业、旅游业和加工业之间的融合，通过产业延伸、功能扩展、技术渗透等多元化的融合方式，实现城乡产业融合。

3. 空间融合

首先，建立科学的规划机制，加强对各类空间规划的管理，形成区域一体化、多种规划合一的体系。从长期规划考虑，可以根据当时当地的实际情况，适当调整行政区域规划，并按照功能、要素等对土地进行总体使用规划，促进城乡之间在空间功能上的融合发展。其次，充分发挥小城镇和县城的重要作用，以点带面促进城市和农村空间的融合发展，对一些偏远且有大片空闲村落的地方进行投资建设，发展特色小镇或者小型城镇，这样既可以缩短城乡之间的地理空间距离，也能够拓展农村人口转移所需的接收空间，同时充分发挥小城镇间的人口聚集、商品聚集、物流交通、文化发展等功能。

打破体制障碍和行政区域划分的壁垒，探索城市和农村之间区域互通、跨区域跨界限的产业融合发展，对农业大县和经济强县给予大力支持。农村自身的地理空间也要进行融合，以先进村带落后村，小村之间互相联合，特别是经济发展薄弱的村庄更应互通、互相加盟，立足自身特色优势，依托人口和环境等因素，以农业为主体建设功能区，并确定重点发展、优先发展以及适度发展等相关区域，推进形成以农产品为主体的发展格局。

二、推进农业供给侧结构性改革

习近平总书记指出：“我们讲的供给侧结构性改革，既强调供给又关注需求，既突出发展社会生产力又注重完善生产关系，既发挥市场在资源配置中的决定性作用又更好发挥政府作用，既着眼当前又立足长远。”①一是充分利用现代科学技术，如大数据、虚拟现实和“互联网+”等，构建现代化农业生产体系、产业体系和经营体系。二是加快推动农村产业结构的优化升级，使农村三大产业实现快速深度融合，把第一产业做优，第二产业做强，第三产业做活，促进农村经济健康持续发展。三是积极培育农村新的产业形态，在现有产业的基础上借助信息技术重构新的组织和服务形态，推进农村电商发展，并把“互联网+农业”做到实处，使农业、农产品的生产和销售通过电商进行一体化发展，利用互联网帮助贫困人口脱贫致富。大力发展农村物流和快递的配套设施，政府应积极扶持和鼓励村民创办快递公司，促使农村的快递业务形成体系，推进农村的流通方式和消费方式转型，拓宽农民的增收途径，繁荣农村经济，为乡村振兴的发展发挥重要作用。

---

① 习近平：《习近平谈治国理政》第三卷，外文出版社，2020，第 260 页。

三、生态、文化和文明共振兴

乡村振兴的目标是为农民打造美丽家园，而良好的生态环境是重要支撑点。推进农村绿色发展，生态宜居的环境是关键内容，要打造人和自然和谐相处的新模式。首先，加强对农业的生态保护，把绿色产业做大做强，产业振兴是乡村振兴的内在动力，但是产业振兴的前提和底线是坚持绿色发展，对农民进行职业技术培训，也是为了树立农业低碳、绿色和循环的生态发展理念，走环境友好型的农业发展之路。加快对农村环境污染问题的治理，对农村人居环境进行整治，推进厕所革命，改善农村脏乱差的环境，提升农村的村容村貌，加快实现美丽乡村建设。

文化产业是最具发展潜力的，乡村振兴必须大力发展文化，随着经济水平的提高，越来越多的城市人不再满足于城市景点，开始转向体验农村生活。已经脱贫地区应该充分利用文化这一抓手，大力发展乡村文化产业，依照当地的特色农业资源发展乡村旅游、水果采摘、康养医疗、农耕体验等农业文化，为城市的旅游者提供全方位的生活服务，以此传承农耕文化。充分利用农村丰富的文化资源，利用当地的民间艺术、手工艺品、特色服饰、文艺表演等发展特色文化产业。同时农村地区要积极探索多样化的乡村文化活动，农村的文化活动不能只停留在广场舞和棋牌，要结合当地的特色节日、服饰还有艺术品等开展乡村文化活动，政府加强宣传和引导，并为其提供技术、硬件等支持，增强活动的吸引力，让村民自愿参与文化活动。在文化和科技融合发展的过程中，一些新的文化体验和新的产业形式不断出现，乡村振兴中文化的发展和振兴必须与科技融合，创新文化生产模式，为农村传统的手工艺品插上科技的翅膀，使农村的文化资源涌入市场。

加强农村的思想道德建设，深入挖掘优秀的农村传统文化思想，把农村的传统留住、把农村的文化留住，让它们能够适应新的时代变化。努力培育农村的淳朴民风、良好家风和文明乡风，提升农民的精神风貌，提高农村的文明程度，使乡村文明焕发新气象。

四、坚持法治、自治和德治"三治"结合

乡村治理的水平高低直接关系到国家政策能否得到有效的落实，乡村治理

是乡村振兴各项工作能够顺利开展的基础，和广大村民的切身利益密切相关。而乡村治理体系的关键是坚持法治、自治和德治“三治”结合。

乡村振兴与精准脱贫相比，对农村的法治建设提出了新的要求。根据农村的实际情况，在法治方面加强宣传和教育，增强村民的法律意识，使村民在社会生活中懂得使用法律维护自己的权益。健全农村的法律和法规，通过法治规范农村市场的运行、推进生态环境的治理、解决农村的社会矛盾，发挥法治在农村各项工作中的引领和保障作用。

乡村治理最基本的形式是村民自治。乡村振兴的实现需要不断完善和健全村民自治制度。一要坚持民主选举村干部和村委会人员，完善村民议事制度和监事制度。二要确保村级事务的公平、公正和公开，并充分发挥农村各类人才在乡村治理中的参与作用，使村民的意志充分体现、权益得到保障，农村的活力得到激发。

乡村振兴在坚持法治和自治的同时，还要注重德治建设，德治是农村基层干部领导农民群众的重要手段，要充分发挥德治在乡村振兴中的作用，探索德治的治理途径。对不同的农民群体采用不同的手段和形式，进行道德的宣传教育，把思想道德的内容融入实践活动，让农民在平时的生活中耳濡目染，用身边的道德模范、村民的生产故事等进行道德教育，让农民充分认识到中国特色社会主义的优越性，帮助农民树立正确的世界观、人生观、价值观和道德观。制定适合脱贫村实际的村规民约，并让全体村民参与村规民约的建设，村干部要带头遵守，村民之间互相监督，形成良好的新农村风尚。

第三节　从精准扶贫到美丽乡村建设新局面

一、美丽乡村的时代内涵

21 世纪，与“美丽乡村”相对应的是“三农”问题，它的内涵从以生态和景观为主的自然美扩张到了更全面的范围，又融入了政治、经济、科技、文化和教育等社会之美。因此美丽乡村是以创新、协调、绿色、开放、共享新发展理念为引领，并依托生态环境和生态文明建设的优势，全面实现政治、经济、文化、社会和生态文明的协调发展。美丽乡村建设,能够使环境得到改善、产业得到发展,农业变得更强、农村变得更美、农民变得更加富裕,从而全方位地提升农村生活水平。

首先,美丽乡村的发展模式和内容是非常具有包容性的,美丽乡村的内涵价值与十八届五中全会提出的新发展理念是相契合的,把重视绿色发展放在基础性位置,着重强调发展的内在驱动力,如发展内容之间的互动协调、乡村发展空间上的拓展与开放、利益分配上的共治共享等。其次,美丽乡村的建设格局推行的是五位一体的总体布局,乡村建设涵盖的内容和领域非常广泛,但是生态之美是首位,政治之美、经济之美、社会之美和文化之美等要呈现出良性的互动格局。再次,美丽乡村是有着明确目标定位的战略方式,既与精准脱贫一脉相承,又与乡村振兴目标相契合,从社会主义新农村转向乡村振兴,建设发展的内容在不断扩展,但是目标定位和核心建设内容都是一致的。最后,美丽乡村是以产业为基础,在不断积累下形成的可持续发展的模式,通过生态之美实现人和自然的和谐发展,通过乡风文明之美塑造乡村文化之美,通过乡村治理健全农村的各种制度保障,通过乡村的生活之美带动乡村的发展活力,使美丽乡村风貌美、整洁美、内涵美,使乡村的颜值和内涵共同发展。

全国建成的美丽乡村代表数量在逐年增加,新时代的美丽乡村已经进入高质量的发展阶段,必须告别传统粗放式的发展模式,转向以提升质量和建设内涵为主的发展方向。第一,美丽乡村的扩张数量应保持在一个适度的范围内,不能片面追求建设的数量,也不能过分抑制发展而减少数量。第二,美丽乡村的建设要从资源和要素的投资转向创新发展,从精准脱贫时的大规模发展基础建设转向依靠农业形态创新、科技创新和管理创新等内涵式的发展。第三,不断优化和升级乡村的内在结构和空间结构,从分散式发展、点状式布局转向聚集式发展布局,主体结构、分配结构、治理结构和产业结构等内在结构要不断优化,使农村自身系统上的整体功能得到持续改进。第四,乡村的经济社会效益得到不断改善,不断提高农村中农民、集体和企业的经济效益,并使其保持在合理的水平范围内,同时持续提升以就业、税收、公共服务等为主的社会效益,使得社会效益、经济效益和生态效益等形成良好的互动发展局面。

二、美丽乡村的建设取向和定位

美丽乡村建设探索的是一种以生态文明为鲜明特色的战略路径,在已经开展的实践工作中展示了乡村建设的独特魅力，美丽乡村的建设和生态文明的建设过程是同步的，生态思维和生态理念要融入美丽乡村的实践中，让农村的生态和环境建设成为重要的建设取向和定位。

首先，美丽乡村中的“乡村”替代了传统的“农村”，其概念变得更加广阔，“美丽乡村”并不单纯地等同于“美丽农村”，虽然美丽乡村主要建设的是农村，但是在乡镇或者区县规划中推进的，这非常直观地表明了乡村振兴和美丽乡村在空间层面上的契合。其次，美丽乡村的建设是有着前瞻性的，蕴含着现代农村建设的理念和标准，使乡村的政治、文化、经济、社会等建设融入美丽乡村建设的全过程，坚持系统的方法和思维，在建设的过程中既要注意阶段性问题，也要看到长期性问题。再次，农民是美丽乡村建设行动的主要实践者，在建设过程中政府、国有企业、社会力量、民营组织、媒体等都需要贡献自己的力量，美丽乡村的优秀先进典型都是在以农民为主体的前提下结合多元化力量进行建设的结果，建设主体的集成模式和乡村振兴、精准脱贫完全契合。最后，美丽乡村的建设是由政府推动的工程，既有县级、乡级层面的规划和设计，又有国家层面的标准和评价，美丽乡村的建设虽然存在规范化的体系和标准，建设的进程是阶段性地完成目标任务，但绝不能因目标的完成而停止建设，“美丽”的内涵概括了乡村的发展状态和发展目标，美丽乡村和乡村振兴在过程和目标上也是完全契合的。美丽乡村把解决“三农”问题和生态文明建设有机结合，在乡村发展优先和生态文明建设优先的双重助力下，把“三农”问题的发展落到实处。

我们所建设的美丽乡村不应该只具备外在的环境美，更应该体现人文精神层面的美，乡村独一无二的资源优势，特产、风俗、景观、民谣等都可以成为特色的人文资源，在改善乡村住房环境、改变旧村风貌的同时，要对乡村独特的历史文化资源进行传承，凸显美丽乡村的人文内涵。

三、高质量推进美丽乡村的建设

美丽乡村的建设是一项系统化和长期性的工程，必须以习近平新时代中国特色社会主义思想为指导，从国家层面进行系统规划和顶层设计，使美丽乡村的建设朝着正确方向协调发展。

要在省级、市级和区级等不同层面推进美丽乡村的建设规划，确定不同层次的建设目标和思路，为高质量地推进美丽乡村建设构建整体框架。再由美丽乡村建设相关主管部门牵头分类制定特色鲜明的发展规划，各乡村也应按照本地区的实际情况制定建设规划。还要对不同层次的相关规划进行可行性和前瞻性的评估，正确处理相对稳定的要素和动态环境之间的关系，既要为美丽乡村的建设提供长期依据，又要在建设过程中及时解决出现的新问题、完成下发的新任务和处理遇到的新情况。最重要的是在系统规划和顶层设计中，处理好政府和市场的关系，在美丽乡村建设中发挥市场的决定作用和政府的调控作用。

美丽乡村建设的实质是让乡村突破资源要素的约束，向生态宜居、产业兴旺、乡风文明、生活富裕等目标不断奋进，美丽乡村的建设需要着力构建各要素的支撑体系，帮助乡村摆脱在土地、资金、人才等方面的约束，加大对美丽乡村的财政支持力度，通过财政补贴、财政奖励、风险投资、贷款担保等方式，鼓励社会力量和民间资本参与美丽乡村建设，解决美丽乡村建设中的融资难题。

美丽乡村建设的高质量推进需要地方政府、个体农户、村级集体、企业等相互配合，协力发展，通过激励措施使他们的利益实现最大化。在共同致力于美丽乡村的建设中，政府应承担自身在公共服务、发展乡村经济和文化中的责任，加大对乡村公共服务和设施的投入力度，并建立完善的政策体系，为美丽乡村建设提供强有力的保障。村级集体和农民是美丽乡村建设中的主体力量，一方面，村级集体代表的是乡村村民的整体利益，对乡村建设的决策和规划有着重要的引领作用，特别是在与政府和企业利益发生冲突时要维护村民的整体利益。另一方面，要提高村民在美丽乡村建设中的主动创业能力，提升村民的组织化程度和整体素质，使村民能够较好地享受美丽乡村建设成果，并以此激发农民的建设动力。

建立完善的美丽乡村评价反馈机制。科学构建高质量的评价指标体系，一方面及时总结成功的经验，强化美丽乡村高质量建设的动力；另一方面找出建设中存在的短板，及时进行纠正，为后续的建设提供经验教训。通过第三方机构的公正客观评价，对美丽乡村建设在高质量推进中面对的不确定性和风险进行评估。

实现从精准扶贫到美丽乡村建设新局面，必须深刻理解美丽乡村建设的时代内涵，在乡村振兴背景下把握好美丽乡村建设的定位和取向，从而高质量地推进美丽乡村建设。

第三章

沂蒙山革命老区的精准扶贫和乡村振兴

沂蒙山革命老区主要以沂蒙山区革命根据地为中心，地处山东省，包括临沂市的三区和九县，因为是革命老区，又受到地理因素和历史因素等的影响，社会经济的发展相对落后，贫困人口规模较大，贫困人口数量在山东省排名第二，特别是蒙阴、沂水、平邑、沂南、费县等县都曾是国家核定的贫困县。

国家自 20 世纪 80 年代开始对沂蒙山革命老区实施扶贫政策，在国家精准扶贫战略背景下，临沂市更是把对精准扶贫的探索作为重要政治任务实施，虽然扶贫工作难度大，贫困人口数量多，但是经过各级政府的不断努力，沂蒙山区的很多地方都取得了较好的脱贫成效。

第一节 沂蒙山革命老区全面实施精准扶贫战略

临沂市是著名的革命老区，也是全国 18 个连片贫困地区之一。党的十一届三中全会以来，临沂市大力弘扬沂蒙精神，解放思想、更新观念，以发展社会主义市场经济为根本遵循，把改善老百姓的生产和生活条件作为最终目标，着力加强农村的基层组织建设，开发山区优势资源，努力解决农民温饱问题，打响了扶贫开发的攻坚战。1995 年底，沂蒙山区在全国 18 个连片扶贫地区中率先实现整体脱贫。

临沂市坚持脱贫与致富增收并举并重，在高效完善的政策体系下，不断推进、落实责任，使扶贫政策、帮扶措施实现多层叠加和多重覆盖，农村的困难群众能够在多方面受益，走出一条具有沂蒙特色的精准扶贫、精准脱贫的致富之路。

一、大扶贫大开发 战略先行

中华人民共和国成立以来，临沂市始终高度重视扶贫工作。改革开放后，临沂市在脱贫工作中进行了大刀阔斧的改革，打破惯性思维，把外部力量与自身特色有机结合，改变了沂蒙山区贫穷的、落后的传统印象，把扶贫工作和经济发展共同推进，实施了一系列扶贫开发战略部署，这些扶贫政策的制定与实施，为临沂市扶贫开发工作完善了顶层设计，明确了攻坚方向。

2013 年 11 月习近平总书记在视察临沂市时说：“要紧紧拉住老区人民的

手，绝不让老区人民在全面建成小康社会进程中掉队。”①沂蒙山革命老区人民牢记总书记的嘱托，深入贯彻和落实精准扶贫战略，在扶贫工作中弘扬沂蒙精神，2015年中共临沂市委、临沂市人民政府出台的《关于打好扶贫开发攻坚战的意见》，为全面实施精准扶贫指明了方向。到2015年底，临沂市共有贫困人口44.2万人，约是山东省贫困人口总数的六分之一，贫困人口的特点是老弱病残比例大、地域分布广、自主脱贫能力弱，这就需要临沂市主动承担责任，在脱贫攻坚战中时刻走在前列，在沂蒙山革命老区打响新时期的脱贫攻坚战。

二、强基础固本源 民生为先

一手抓改造自然、改善生产条件，一手抓区域综合开发、发展产业，实现经济发展和扶贫开发协调发展、互促共进。

一是改善生产生活条件，夯实扶贫开发基础。面对恶劣的自然条件，临沂人民掀起了开山劈岭、整山治水、改造自然的热潮，实施导沭整沂工程、进行水土流失治理、开展农田水利基本建设大会战活动、发展交通建设，有效解决了通车、通电、吃水等难题，涌现出了厉家寨乡、九间棚村等全国先进典型。贫困地区基础设施建设不足和缺失相应的公共服务，是造成贫困的重要因素，临沂市按照国家精准扶贫战略要求，围绕“五通十有”，不断完善贫困地区的基础设施建设和公共服务配套设施建设，缩小城市和农村在发展中的各种差距，从而推动农村的现代化建设。聚焦“两不愁三保障”和农村饮水安全，完善基础设施建设，实施“村村通”工程，建设蓄水池、扬水站，解决通车、通电、吃水难题。

二是因地制宜发展产业，彻底拔掉穷根。按照“种养加一条龙”“产供销一体化”的模式，大力发展优势特色产业。自20世纪60年代起，在“千库万塘”的建设背景下，“南稻北移”逐步实现；70年代，开始逐步探索引入南方茶叶，开启临沂种植业发展的先河；80年代，开垦“五荒”的号角吹响，1.8万条长短河流、7 200多座荒山、7 471平方千米的小流域面积等统一得到治理，沂蒙的荒山实现了从秃岭到丰产的转变；90年代，临沂市农业的产业化进程和结构性调整得以快速发展，实现了从过去的单一产量到多产量的突变，沂蒙山区处处“风景这边独好”。

进入21世纪，临沂市鼓励各贫困县、镇、村等充分利用资源优势和产业特

---

① 单保江:《不让一个沂蒙儿女掉队——山东省临沂市脱贫攻坚纪实》,《经济日报》2016年4月12日。

色，支持各区县发展特色农业项目，苍山蔬菜、临沭柳编、郯城银杏、蒙阴水果、平邑金银花、莒南茶叶以及其他各地的农产品等种植业在产业化和规模化的带动下，帮助贫困地区农民实现脱贫。大力实施山水林田路综合治理，发展林果茶菜特色产业。“山顶松柏戴帽，山坡果树缠腰，山脚梯田平整，河滩粮丰菜茂”，沂蒙山区焕发出勃勃生机。

三是坚持把产业项目的建设与扶贫工作融合作为脱贫攻坚的关键举措，创新产业发展模式、加强项目规范管理，促进贫困农村集体的发展和贫困群众实现增收。为了扶贫资产管理的规范化，临沂市创新性地实行“四权分离”的模式，明确了扶贫资产的经营权、所有权、监督权和收益权分别由承包户、村集体、政府和贫困户所有，从而保障扶贫资产的高效、安全运营。

临沂市的扶贫是精准到户的，根据每个贫困户的实际情况，实行一户一个方案，一户一个政策，精准发力；同时，从“新农村新农民新生活”的培训入手，把“新农村新农民新生活”的培训作为服务农村的重要载体，制订切实可行的培训计划，让致富的大门永远敞开。在精准脱贫中要对所有有创业需求的贫困户进行有针对性的培训，包括创业项目、方式、方法等，使贫困地区达到“就业一人、脱贫全家”的目的，并进一步巩固脱贫成效，达到长效脱贫的目的。

三、凝人心聚民力 众志成城

沂蒙山革命老区人民深知“好日子是干出来的”。一方面，发挥政治优势，加强以农村党支部为核心的基层组织建设，充分调动干部和群众的积极性、主动性。以“党员干部打头阵”带动群众“男女老少齐上阵”，凝聚了战天斗地、改造自然、艰苦创业的强大合力。20 世纪八九十年代，九间棚村 9 名党员在党支部书记刘嘉坤的带领下埋头苦干，在短短几年时间内，把“干山顶、穷山村”变成了享誉全国的“幸福村”，被誉为“九柱擎天”。“沂蒙老梁”梁兆利，四十余年来带领群众逐步走向富裕，“就图群众说党好”。

另一方面，用沂蒙精神作为强力引擎，坚持“内力激发”和“外力支持”并举，提振脱贫中的“精气神”，激发贫困农民的内生动力，坚决克服“等靠要”的思想，支持贫困地区农民通过自主创业、发展产业、参与就业等方式，提高自我脱贫的能力。临沂市先后开展“三个牢记”教育、“三次思想大解放”、田间巷头政策宣讲等活动，让贫困群众深刻感受到“输血”不如“造血”、苦熬不如苦干、靠人不如靠己，不断增强其主人翁意识，自觉不等不靠、自力更生、勤劳致富、光荣脱贫，依靠自己的辛勤劳动过上好日子。

沂蒙山区率先整体脱贫为临沂扶贫开发工作奠定了坚实基础，为实现精准脱贫注入源头活水，临沂人民始终牢记习近平总书记的殷切嘱托，认真落实和贯彻党中央和山东省的决策部署，把精准扶贫战略落实到实际行动中，全面打响新时期脱贫攻坚的“孟良崮”战役，蹚出了一条具有临沂特色的“一村多业、一户多案、一人多岗”脱贫攻坚新路子。2018 年底临沂市基本完成脱贫攻坚任务，历史性消除绝对贫困。

2021 年是精准扶贫战略和乡村振兴战略的交会年，临沂市打赢脱贫攻坚战的关键是机制的创新，积极推进精准扶贫与乡村振兴战略有机融合，使扶贫工作取得的成效能够可持续发展。让更多困难群众共享改革发展成果，为实现乡村的全面振兴树立“沂蒙样板”。

第二节　沂蒙山革命老区全面实施乡村振兴战略

临沂市紧跟国家步伐，按照山东省委、省人民政府指示，全面部署乡村振兴战略，坚持把推进乡村振兴战略作为新时代“三农”工作的总抓手，聚焦重点发力，加快补齐短板，扎实有序推进乡村产业、生态、文化、组织和人才振兴。2019 年，“全省推进乡村振兴暨脱贫攻坚现场会议”在临沂市召开。2020 年，临沂市村党组织书记选配改革和专业化管理经验，被中央农办、农业农村部主办的《乡村振兴文稿》刊发，在全国农业农村系统推广；临沂市乡村振兴有关做法被《农民日报》头版头条刊发，中央电视台、大众日报、人民日报、农村工作通讯等国家和省级媒体，先后通过专题对临沂市乡村振兴的典型做法和成功案例进行报道。这些报道真实地反映了临沂乡村振兴工作的实际情况和取得的成绩，非常有价值，是各贫困地区学习借鉴的典范。

一、坚持高点定位，统筹谋划推进

1. 明确发展路径

临沂市委、市人民政府对标国家乡村振兴战略任务书进行系统规划，根据山东省委、省人民政府的要求，立足临沂市农业资源丰富、生态环境优良、与长三角地区毗邻相互商务往来频繁等优势，做出了统筹推进乡村振兴、主动对接长三角的部署，实施乡村振兴“三步走”，努力把临沂市打造成为长三角中心城市的农产品供应基地、休闲旅游“后花园”和产业转移“大后方”。目前，已制定出台《中共临沂市委、临沂市人民政府关于在打造乡村振兴齐鲁样板中走在前列的实施意见》《临沂市打造长三角中心城市农产品供应基地工作方案》；从市级层面加强管理，建立了文化和旅游部门、农业农村部门和商务部门三方协同联动机制，并对县区到长三角中心城市交流对接实行备案报批制度，提高办事效率。2020 年 6 月 16 日，举办临沂市优质农产品对接长三角地区启动仪式；9 月 4 日，临沂市领导带队赴上海考察对接农产品供应基地有关事宜；11 月 5 日，中共临沂市委、临沂市人民政府主持召开打造长三角中心城市农产品供应基地（上海）座谈会议；12 月 7—9 日，举办 2020 年临沂优质农产品（上海）推介活动和尹家峪田园综合体品牌发布会（含临沂优质农产品展示展览）。

2. 搭建载体平台

深入推进“1516100”乡村振兴战略规划体系落地实施，即以《乡村振兴战略规划纲要（2018—2022 年）》为统领，聚焦聚力乡村产业振兴、生态振兴、人才振兴、文化振兴、组织振兴等五个工作方案，每年推动实施十六大专项工程，抓好 100 项重点工作。同时，依托乡村振兴十二大平台，利用 2019 年至 2022 年三年时间重点培育一批乡村振兴示范片区、乡村振兴示范乡镇、乡村振兴示范村、田园综合体等。

3. 完善推动机制

首先，在 2020 年针对县区实施乡村振兴所取得的成绩，临沂市专门制定了相关的考核细则，在市直机关单位和部门的绩效考核办法中，加入了乡村振兴的工作，把各级单位参与的主动性和积极性调动起来。其次，加大帮扶联系力度，截至 2020 年，全市共选派 52 支乡村振兴服务队、1 880 位第一书记、7 位乡村振兴专家，为乡村振兴提供人才助力。最后，在乡村振兴过程中重视宣传引导，在临沂市广播电视台、临沂日报等主流媒体推出专题栏目《乡村振兴沂蒙行》，周刊《乡村振兴看沂蒙》，在今日头条、沂蒙乡村振兴等各大新媒体中连续集中报道 27 期《临沂乡村振兴典型案例》、12 期《美丽乡村看沂蒙》，在宣传报道中打响沂蒙乡村振兴品牌。

4. 强化资金保障

加大财政投入，对涉农资金进行整合,2020年已筹集乡村振兴重大专项资金75亿元,其中市级预算安排11亿元,比上年增长10%。截至2020年10月末,全市累计发放“鲁担惠农贷”4 034户、金额21.29亿元,各项指标位居全省前列。临沂市制定并出台了《关于做好金融服务乡村振兴的实施意见》。《山东省临沂市普惠金融服务乡村振兴改革试验区总体方案》(银发〔2020〕211号)已经国务院同意、由中国人民银行等6部门印发实施。临沂市普惠金融服务乡村振兴改革试验区是全国第一个也是唯一一个专门为乡村振兴战略服务的国家级金融改革试验区。积极吸引工商资本,重点推进郯城县的五得利农业产业化项目、兰陵县的绿沃川智慧农业示范园项目、平邑县的中国(平邑)金银花健康产业园项目和山东认养一头牛智造基地项目等40个项目，努力为临沂市乡村振兴战略的实施注入新动力。

二、以高质量发展为方向,推动乡村产业振兴

坚持品牌强农、质量兴农,着力培育壮大乡村主导产业、特色产业,全力打造长三角中心城市农产品供应基地,探索产业振兴新路径。一是加快培植乡村特色产业。按照“一县一园、一镇一业、一村一品”的思路,突出主导品种、优势区域,因地制宜发展特色农业,国家农业产业强镇达到5个,省级特色农产品优势区达到3个,创建省级现代农业产业园3个,省级以上田园综合体达到5个,省级以上示范村镇达到40个,“三品一标”产品达到433个。二是推动农业标准化生产。参照上海市商务委员会外延基地生产标准,临沂市初步建立了集生产、加工、销售、运输于一体的产销标准规范体系，筛选了150家农产品供应基地,2020年底同上海蔬菜集团为50家符合条件的优质农产品供应基地进行认定、授牌。三是把农业产业集群做大做优。把重点聚焦在特色优势品种上,实行标准化加工,逐渐形成11个蔬菜、粮油、畜禽肉类产业集群,着力打造沂南肉鸭、莒南花生、兰山肉制品等规模在百亿元以上的农业特色优势产业集群,打造以农业产业化为主的市级以上龙头企业807家。四是持续提升临沂农产品的品牌影响力。坚持“红色沂蒙,大德务农”的情怀,每年定期举办沂蒙优质农产品交易会、兰陵菜博会等,扎实开展临沂优质农产品“三年百城”系列推广活动。在“产自临沂”的品牌管理上更加规范,并制作了临沂市优质农产品的品牌目录,涵盖

了十大产业、五百多单品，把蒙阴蜜桃、苍山蔬菜、平邑金银花、沂南黄瓜、莒南花生等区域性品牌叫响。临沂市培育了 11 个区域公用品牌、7 个企业品牌，农产品品牌价值过 10 亿元。

三、以人才引育为重点，推动乡村人才振兴

为解决乡村振兴的中人才瓶颈问题，临沂市在外引人才和内部培育上同时下功夫。一是强化政策支持。2019 年制定出台了《关于实施“四雁”工程强化乡村振兴人才支撑的实施办法》，同年临沂市人力资源和社会保障局下发了《关于推进乡村人才振兴若干措施的实施意见》以培养爱农民、爱农村、懂农业的人才队伍，为激发各类人才参与乡村振兴建设，进一步深化“村村都有好青年”选培工作十二条意见。

二是搭建引才聚才平台。对乡村优秀人才实施“回引计划”，瞄准产业需求开展精准化人才引进，引进“归雁”人才 900 余人，落地项目 175 个。指导县乡召开 280 余场次座谈会、恳谈会，摸排了在外本地优秀人才 11 430 名，并成功回引 834 名，累计储备后备力量 1.8 万余名。设立 45 家创新实践基地和博士后科研工作站，打造了 6 家省级专家服务基地；临沂大学成立了乡村振兴学院，浙江大学山东(临沂)现代农业研究院揭牌成立，将为临沂市每年培养 2 万多名乡村振兴的各类人才。

三是加大本土人才培育。深化实践新型职业农民培育“临沂模式”，自 2014 年以来共培训新型职业农民 15 万人次，颁发职业农民证书 2.1 万本，培训人数和颁发证书数量均居山东省第一位。临沂市 3 位新型职业农民入围中央电视台 CCTV17 频道《超级新农人》全国 20 强。目前，临沂市农民专业合作社示范社、家庭农场示范场分别达到 1 054 家和 499 家，郯城县农大家庭农场、恒丰农机合作社、金丰公社社会化服务经验被列为全国典型案例。

四、以沂蒙精神为引领，推动乡村文化振兴

以沂蒙精神为引领，深入挖掘沂蒙地区优秀传统文化，创新性发展沂蒙红色文化，对成果进行创造性转化，建设红色文化传承的沂蒙示范区。不断推进移风易俗内容的改造，树立文明乡风。一是实施沂蒙精神传承行动。打造了孟良崮战役纪念馆、马牧池乡红色教育基地等教育展馆，建设了平邑九间棚、兰陵压油

沟、蒙阴岱崮等红色教育基地，目前临沂市共建成红色纪念馆、历史文化展示室396个。马牧池乡常山庄示范片区的有关经验做法入选《“莱西会议”再出发——山东省农村基层党建工作案例选编》。

二是深化乡村文明创建行动。大力开展群众性文明评选活动，共建设15个新时代文明实践中心，168个实践所，县级以上文明镇村达到3 129个。2019年完成890个综合性文化服务中心和850个文化小广场提档升级任务。深入推进移风易俗工作，在全国率先提出公益性公墓安葬等6项基本殡葬服务费用全免除，沂水县殡葬改革经验被中共中央组织部、农业农村部作为典型案例推广，临沂市丧事简办率达到86%以上。

三是加快发展乡村红色文化旅游。临沂市拥有一批红色文化名村——莒南县厉家寨、临沭县朱村、沂水县桃棵子村、沂南县常山庄等，同时兰陵的压油沟、费县的大田庄、蒙阴的椿树沟、沂南的竹泉村等在省内外都具有较高的知名度。2019年临沂市利用红色旅游资源共接待4 900多万人次游客，红色文化旅游成为乡村振兴中的新内容。

五、建设美丽宜居家园，推动乡村生态振兴

对农村存在的突出环境问题进行综合治理，并对农村的人居环境进行整治，完善农村生活设施，打造农民安居乐业的美丽家园。一是完善基础设施。将农村道路硬化、农村饮水安全、农村清洁取暖、城乡绿化、农村改厕等纳入擂台赛，坚持每月亮分数、季度抢红旗、半年一总结、全年列榜单的评比制度，把农村基础设施存在的短板尽快补齐。2020年已完成2 208个村的道路硬化、1 533个村的农村饮水安全建设任务，开工建设农村中小学32所、幼儿园82所。二是开展人居环境整治擂台赛。突出抓好“三清四整”，加快推动村容村貌改善，集中组织开展了村庄清洁行动，各县(区)委书记亲自带头帮包村庄，临沭、兰陵、平邑的经验做法被全国农村人居环境整治工作推进办公室列为典型做推广。2020年临沂市共组织集中检查6次，检查村庄3 365个。三是建设美丽乡村。全市省级美丽乡村示范村92个、市级美丽乡村示范片区46个、市级美丽乡村示范村200个。蒙阴县被选为全省唯一的国家第二批“绿水青山就是金山银山”实践创新基地，2020年成功入选国家级生态文明建设示范县。2020年10月1日，临沂市制定出台的山东省首部市级美丽乡村条例——《临沂市美丽乡村条例》公布实施，

规范、提升了临沂市美丽乡村建设水平。

六、完善乡村治理体系，推动乡村组织振兴

坚持抓乡促村，夯实基层基础，以党建为统领，健全乡村治理体系，坚持自治、法治和德治相结合。一是开展“头雁引领”行动。在山东省创新开展村党组织书记选配改革，2020 年新选配村党组织书记 1 012 名，被纳入专业化管理的书记人数达到 4 410 名，占比 62.6%。面向优秀村党组织书记遴选 112 人挂任乡镇党政班子成员或县直属单位副职，强化培育扶持、挂职锻炼。

二是提升乡村治理水平。临沂市修订村规民约(居民公约)、修订村民自治章程、成立村务监督委员会等工作已基本完成，全市所有的自然村都已实现视频监控覆盖，158 个乡镇(街道)便民服务中心推行了“一窗受理”政务服务模式。费县成为全国乡村治理体系建设首批试点县，沂水县探索建立农村党支部领办志愿服务队，开展“关爱老人·情暖夕阳”寸草心行动，使党员干部和群众的关系更加密切，受到基层群众的普遍欢迎，全市领办志愿服务队达到 4 113 支。

三是大力发展农村的集体经济。对农村的集体产权制度进行改革，沂水县经验被中共中央组织部编入攻坚克难的生动案例，被农业农村部列为全国 20 个改革试点典型之一。深入开展经济薄弱村三年清零攻坚行动，村党组织创办合作社 1 492 家，覆盖 36.9%的村庄，全市集体经济收入 5 万元以上的村达到 94%。获得“时代楷模”称号的兰陵县代村社区党委书记王传喜带领村“两委”一班人，走出了一条农业、文化、旅游和产业融合发展的乡村振兴之路。

第三节　沂蒙山革命老区精准扶贫和乡村振兴的意义

沂蒙山革命老区深入贯彻落实精准扶贫和乡村振兴战略，以弘扬沂蒙精神为动力，精准施策、精准发力，在蒙山沂水之间全面打响脱贫攻坚战。按照产业兴旺、生态宜居、乡风文明、治理有效、生活富裕的总要求，沂蒙山革命老区有序推进精准扶贫和乡村振兴战略，有利于转变农业的发展方式，开创人与自然和谐相处的新局面，有利于丰富沂蒙精神和传承沂蒙优秀的传统文化；临沂市谋划实施的扶贫项目，有利于筑牢产业发展基础，改善基本公共服务，提升基层治理能

力，让更多的贫困村民共享发展成果，在打造乡村振兴齐鲁样板中走在前列。

一、弘扬新时代的沂蒙精神

革命战争时期的沂蒙山上硝烟弥漫，在党和人民军队的浴血奋战中，共同造就了“爱党爱军、开拓奋进、艰苦创业、无私奉献”的沂蒙精神，沂蒙精神是随着时代脉搏不断发展的。2013 年 11 月，习近平总书记在考察临沂时，对弘扬沂蒙精神做出重要论述，特别强调“沂蒙精神与延安精神、井冈山精神、西柏坡精神一样，是党和国家的宝贵精神财富，要不断结合新的时代条件发扬光大”①。临沂市在精准扶贫和乡村振兴的进程中，一直践行着习近平总书记对沂蒙精神做出的重要论述，在深化扶贫方式、密切联系困难群众、提升脱贫成效中时刻践行着新时代沂蒙精神的要求。

1. 宣战贫困 叫响沂蒙精神

在沂蒙大地上，沂蒙精神一直鼓舞着人们改天换地，靠着勤劳的双手紧跟党和国家的步伐，在脱贫致富中一步一个脚印前行。2016 年以来，临沂市摘掉贫困村帽子的村共有 1 275 个，累计减少了 45.1 万的农村贫困人口，贫困发生率不断降低，2015 年的贫困发生率为 4.85%，到 2018 年底已经基本归零，2019 年巩固提升脱贫成果，2020 年全面完成脱贫目标。临沂市政府带着对沂蒙山革命老区人民深厚的情感和责任，全面打好脱贫攻坚战，在多层叠加的扶贫政策下，走出了一条措施多重覆盖、困难群众多方受益，具有临沂特色的精准帮扶之路。在宣战贫困的实践中，用实际行动叫响了沂蒙精神。

中华人民共和国成立之后，临沂人民面临的是恶劣的自然条件和艰难的生存环境，但是他们没有被现实吓到，而是带着革命精神和奋进精神向恶劣的生存环境和贫困宣战。临沂的九间棚、代村、厉家寨、后峪子等都是弘扬沂蒙精神、实现脱贫攻坚的模范村庄。莒南县的厉家寨地处群山之间，山高岭薄，早期生产条件极差，是周边 72 个村中最落后的，在村支书厉月坤的带领下，经过 13 年的艰苦奋斗，改造恶劣的生存环境，粮食产量不断增收。如今的厉家寨在精准扶贫和乡村振兴的发展热潮中，在村民和第一书记的共同努力下，彻底拔掉了穷根，贫困农民住上了楼房，变身成社区居民，厉家寨也变成了省级特色旅游村，开始

① 任刚：《沂蒙精神：“水乳交融生死与共”铸就伟大力量》，中共中央党校出版社，2018，第 92 页。

大力发展田园综合体、民俗民宿、红色文化等,如今的厉家寨开始做特色产业,用科技致富。

九间棚村坐落在山上,是有名的穷山村,因地势原因,严重缺水缺电。1984年开始,在村支书刘嘉坤的带领下,架设电线、建水电站、修盘山路、整治荒山、栽种果树,贫穷和落后的面貌得到改变。随着九间棚新村的建成,村民陆续搬迁下山,曾经的困难户开始进城创办企业,成为脱贫致富的模范村。

九间棚人下山、进城、办厂,选育良种、扩大规模、搞深加工,一朵金银花长成了一条产业链。如今,九间棚人把金银花种到了云南、新疆、甘肃等地,推广种植十多万亩(1亩约为666.667平方米),带动了十几万农民实现脱贫致富,小小金银花成为群众眼中的“致富花”“幸福花”。刘嘉坤说虽然现在九间棚村民过上了幸福的生活,但是艰苦创业精神永远不能丢。在脱贫致富和乡村振兴的道路上更要传承红色基因,以沂蒙精神为重要支撑,打响沂蒙山革命老区的脱贫攻坚战。

九间棚和厉家寨的脱贫致富之路充分体现了临沂人民敢闯敢干的精神,他们没有“等靠要”,而是用更加拼搏的精神和开放的思想不断践行精准扶贫和乡村振兴,走出了一条把红色基因转化为发展动力的“沂蒙之路”,在革命中铸造的沂蒙精神,以改革创新的形式深入乡村建设的每一个角落。

2. *改革创新 抒写沂蒙精神*

党的十九大之后,临沂人民把红色基因作为脱贫攻坚的生动实践,把沂蒙精神作为推动社会经济发展和进步的重要担当,在推进乡村振兴高质量发展上聚力前行。2019年山东省推进乡村振兴暨脱贫攻坚现场会议在临沂召开,临沂市以此为契机,认真落实会议精神,以问题为导向,不断改革创新,用实际行动促进乡村振兴,抒写新时代的沂蒙精神。

临沂市结合“不忘初心、牢记使命”的主题教育,在对扶贫干部的教育培训中,大力弘扬沂蒙精神,坚持以沂蒙精神励心、以业务培训励智、以先进榜样励行、以制度保障励本,利用临沂市丰富的红色资源,分类分级组织全员培训,通过对先进模范和典型的深入挖掘,深化对沂蒙精神的理解认知,进一步激发广大扶贫干部的干事激情、工作热情和为民真情,努力打造一支懂扶贫、会帮扶、作风硬的扶贫干部队伍。

在先进典型示范的引领下,贫困群众“宁愿苦干、不愿苦熬”,勇挑扶贫重任，传承沂蒙精神。临沂是一片红色的热土，在沂蒙精神熏陶下成长起来的沂蒙儿女，始终秉持“听党话跟党走”的坚定信念，自力更生，依靠自己的辛勤劳动实现脱贫致富，又以“扶贫怎能少了我”的责任感加入扶贫队伍。临沂市从贫困群众、爱心企业、扶贫干部等不同战线，筛选培树曹淑云、于学艳、刘加芹、林西臻、牛庆花、王洋等6名沂蒙女性组成新时代沂蒙扶贫“六姐妹”。她们靠顽强的毅力改变自身命运的同时，义无反顾地投身脱贫攻坚的最后决战中，收入虽然微薄却不断帮扶贫困群众，在点点滴滴的小事中集聚人间大爱，激励“社会各界自愿扶贫、贫困群众自主脱贫”的昂扬斗志。临沂市培树的新时代沂蒙扶贫“六姐妹”等扶贫脱贫典型正是新时代沂蒙精神的传承者和抒写者。

沂蒙山革命老区乡村文化振兴的重要任务就是弘扬沂蒙精神：对乡村环境和绿水青山的整治是为了提升临沂乡村的“外在美”；挖掘乡村的红色文化资源，打造战争遗址、纪念馆等是为了提升临沂乡村的“内在美”；在农村深入挖掘先进典型和进行社会主义建设，建设九间棚旅游风景区、岱崮地貌地质博物馆等，让沂蒙人民的艰苦奋斗和敢于创新的精神得以传承。沂南县的沂蒙红色影视基地坚持把红色旅游与红色文化融合发展，充分利用红色文化资源，把“红嫂”作为发展的主要对象，在讲好“红嫂”故事中传承红色精神，以图、文、实物以及雕塑等相结合的方式建起了中国红嫂革命纪念馆，在精准扶贫工作推行不久后，沂蒙红色影视基地承担了更多的社会责任，打造了一条独具特色的脱贫攻坚之路，在改革创新中，借用影视文化讲述一个又一个弘扬沂蒙精神的故事，在新时代赋予沂蒙精神新的内涵，使其焕发新的活力，在精准脱贫和乡村振兴中坚持绿色发展与红色发展并行。

二、开创新时代“三农”发展新局面

开创新时代“三农”发展新局面有利于在临沂市布局建设一批生态宜居、特色鲜明的美丽乡村，塑造“好山好水好风情、美丽乡村看沂蒙”的品牌形象；有利于使沂蒙乡村实现从“一处美”向“一片美”再到“整体美”的华丽变身，让临沂市在打造乡村振兴齐鲁样板中走在前列，加快实现“由大到强、由美到富、由新到精”的战略性转变。

在精准脱贫和乡村振兴战略的发展下，农业、农村、农民探索出一种可推广、可复制、稳定的生产、生活方式，走出一条生产美、生态美、生活美的“三生三美”发展新路径。这是临沂市践行乡村振兴战略的重要方向。临沂市通过深化农业供给侧结构性改革，做强乡村产业，实现一产强、二产优、三产活和农村一、二、三产融合发展，推动农业生产全环节升级，以农业“新六产”为带动，促进农村增绿、农业增效、农民增收。临沂市既涌现出了如兰陵代村等的强乡村产业，在不断壮大集体经济的基础上实现共同富裕的美丽乡村，同时也打造成了如沂南朱家林田园综合体、沂水泉庄田园综合体等乡村振兴的“沂蒙样板”，村民们搭上了乡村振兴的快车，过上了富裕日子。在临沂这片红色的热土上，沂蒙精神一直都是沂蒙人民的精神引领，奋力前行之路在沂蒙精神的感召下变得更加平坦宽阔，乡村振兴的“沂蒙梦”指日可待。

2016 年中央一号文件中提到，“加强资源保护和生态修复，推动农业绿色发展”。通过生态振兴，创新发展思路，探索将绿水青山转化为金山银山的具体路径，实现农业强、农村美、农民富的乡村振兴目标。临沂市大力发展绿色农业，走出了一条农业高效之路，实现了从单一产业向全链条、新业态、多功能发展的动能转换，农民增收的路径不断拓宽。乡村振兴可以让千万个小山村变美，可以让亿万农民致富，从而开创了新时代“三农”发展的新局面。

第四章

沂蒙特色的乡村文化传承体系

习近平总书记在党的十九大报告中明确要求“实施乡村振兴战略”，并以此为主题，对“三农”工作进行了部署。2018 年发布的《中共中央 国务院关于实施乡村振兴战略的意见》明确指出，要繁荣兴盛农村文化，焕发乡风文明新气象，传承发展提升农村优秀传统文化。乡村文化的振兴既是实施乡村振兴的内在要求，又能助推建设美丽乡村。我国农村地区经过多年的脱贫攻坚经济取得较大发展，农民生活水平提高，医疗和住房也都得到较大改善，但是乡村文化的发展却落后于物质条件的提升。因此在脱贫攻坚和乡村振兴取得较好成绩的同时，必须加强对乡村文化的建设，提高农民的精神文化生活水平。

第一节 乡村文化

一、乡村文化的内涵

文化一直以来都是一个非常复杂的概念，从不同的视角、学科甚至流派来看都有不同的解释，与之相对应，关于乡村文化的定义学术界也并没有一个统一的概念。在综合不同学者的观点后，本书总结了一些关键要素，乡村文化的范围限定在农村区域，把农民作为主体，是农民在长期的生产劳动过程中形成的精神成果和物质成果等，有着独特的地域特色和乡土人文气息。乡村文化的内涵主要包括：一是乡村文化的创造者与参与者；二是乡村文化的表达方式；三是乡村文化的重要内容；四是乡村文化活动的价值观念和相配套的组织制度情况等。

物态层面的乡村文化主要包括乡村的山水风貌、乡村聚落、乡村建筑、民间民俗工艺品、民族服饰等，体现着不同地域的不同文化追求，这是乡村区别于城市最显著的外在表现之一，也是乡村文化中具有强烈吸引力的地方。但是随着农村经济社会的不断发展和转型，很多乡村出现了千篇一律的小洋楼，甚至在村落里修起了“卢浮宫”“埃菲尔铁塔”等，乡村文化物态层面的地域特色岌岌可危。

行为层面的乡村文化主要包括传统节日、传统文艺表演、生活习惯等。随着农村脱贫攻坚战取得全面胜利，农村居民的文化需求和消费不断增长，各级政府也非常重视农村的文化工作。近年来，民间文艺表演逐渐活跃，表演内容大多从当地取材，表演形式非常丰富，表演人才大都是农民，是非常具有生长性的文化形式，与外来文化艺术相比更具生命力。民间传统节日、纪念日、重大节日等是丰富和繁荣乡村文化的重要组成部分，是传承民族精神的载体。大力倡导民俗文化的发展，对繁荣乡土文化，宣传当地农村传统文化，提高地方知名度，扩大地方影响力有着重要作用。早在20世纪80年代，为弘扬民间艺术，促进民间艺术繁荣发展，文化部开展了“中国民间文化艺术之乡”评选活动，目前已有数百个地方入选“中国民间特色艺术之乡”和“中国民间艺术之乡”。民间艺术之乡既要保护和传承本地的民间文化品牌，又要不断向市场延伸和渗透。很多乡村都在不断推出具有地域特色的泥塑、编织、雕刻、陶瓷、剪纸等民间手工艺项目，舞龙舞狮、花灯、戏曲、杂技等民俗表演，农家乐、生态游等民俗旅游。

在制度上乡村文化包括乡约村规、社会规范、农村生产生活的组织方式等。很多乡村为了一些共同的目的会在生活上设规则，乡约在农村发挥着重要的作用，在劝善惩恶、促进乡治、教化乡里、保护耕地山林、御敌防匪等方面有一定实效。通过乡约村规中倡导遵纪守法、助人为乐的社会主义核心价值观，可凝聚村民思想，发挥乡约村规在脱贫中的教化功能。

有学者认为，乡村文化是乡村场域中能够满足农民文化生活需求并能提供道德规范与社会秩序的综合体系，不仅包括了各类文化活动、文化组织及文化设施等文化载体，也包含了规范性和信仰性的文化价值体系。乡村文化是一个非常宏观的概念，它的内涵不应只停留在文化层面，更应延伸到各种物质载体中。

二、乡村文化建设的重要意义

在明确了乡村的文化内涵后，可以进一步分析在实施乡村振兴中乡村文化建设的重要意义。“乡村振兴，既要塑形，也要铸魂。”乡村振兴中的乡村文化建设就是铸魂工程，它可以丰富乡村发展的文化内涵，改变农民、农村的精神面貌，为乡村组织、生态、产业、人才振兴提供精神动力。

1. 有助于激发乡村活力

从经济基础与上层建筑的关系来看，农村经济的发展受到乡村文化发展的影响,先进优秀的乡村文化可以更好地促进农村经济发展,相反,落后的乡村文化将阻碍农村经济发展。农村地区在发展产业振兴时,都在着力打造"文化+产业""文化+旅游"等模式,在村里打造"现代农业园""旅游小镇""精品文化小镇""旅游民宿"等,积极把农村经济发展和文化建设紧密结合。农村传统村落只有立足于传统文化才能更好地挖掘其经济价值;在培育各地的传统手工产业、特色种养产业、休闲旅游产业时,需要文化创意的包装,以不断提高村民的收入和农村经济发展水平。乡村一、二、三产业融合发展的创意文化是新的产业形态,已经成为乡村经济发展的新业态、新形势和新动能。乡村经济的发展与对当地生态的保护、特色文化的传承是紧密相关的,乡村文化的发展有助于激发乡村的内在活力。

2. 有助于培育乡风文明

抓好乡村文化建设,有助于乡风文明的培育,乡村振兴中的一项重要内容就是乡风文明建设,乡风文明建设的关键是人,人的现代化思想非常重要,在脱贫攻坚和精准扶贫阶段主要从经济发展和环境治理入手,如今需要科学合理地引导农民进入思想建设时期,把培育新时代有理想、有信念的农民摆在突出位置。习近平总书记在全国宣传思想工作会议上指出:"能否做好意识形态工作,事关党的前途命运,事关国家长治久安,事关民族凝聚力和向心力"。[①]如今各乡村都在积极建设自己的党群服务中心,建立农村基层思想学习阵地,突出思想引领、文化传承、道德教化,习近平总书记为乡风文明的发展指明了道路,通过大力弘扬和传播乡村优秀传统文化,培育新时代农民的质朴民风和良好家风,有助于乡风文明的实现。

3. 有助于提升农民的幸福感

马斯洛需求层次理论告诉我们,在物质生活得到满足后,人类就会需要更高层次的精神文化活动。随着农村经济的迅速发展,农民的收入水平不断提高,生活在农村的农民已经不仅满足于吃饱穿暖的物质层面了,开始追求精神文化活动。乡村文化的建设主体是农民,是在尊重农民的前提下,根据农民的实际文化需求而组织开展的形式多样的文化活动。很多乡村文化活动都是在充分利用农闲时节、节假日,针对农民的心理需求精心策划的文化活动,这充分调动了农

① 习近平:《习近平总书记系列重要讲话读本》,学习出版社、人民出版社,2016,第193页。

民的积极性,使他们可以在家门口体验文化。乡村文化是非常符合农民审美和认知方式的,农民在从事民间手工艺品制作时,天然的亲切感和在产业化发展中带来的经济收入,让他们的获得感和幸福感不断增强。历史悠久的节日民俗文化活动,是民间艺术展示和传承的载体,承载着无比丰富的农耕文化资源。在乡村文化建设中要积极开展与节日相关的民俗活动,农民对民俗节日有着深厚的情感,民俗活动既能反映乡村振兴所取得的成就,又满足了农民的文化需求。在乡村文化建设过程中对这些传统文化的保护和传承,体现了对农民的关爱,有助于提升农民的幸福感。

在中国乡村文化的发展历程中,可以看到乡村文化一直都是农村最坚实的发展基础,要想实现乡村振兴,就必须深入挖掘乡村自身和文化自身,并且把这种挖掘与生活、产业、教育等要素相结合,把传统的历史经验与农民的实际需求相结合,因此乡村文化建设不仅有助于乡村的振兴,更是人的振兴和中华民族的振兴。

第二节　红色文化引领　建设乡村文化

一、红色文化

1. 红色文化的概念

魏本权认为:"红色文化是马克思主义中国化中,中国共产党在民族文化基础上创造的新文化,它区别于传统文化与近现代以来其他阶层与党派的文化创造,是物态文化、制度文化、行为文化、心态文化的统一体,是 20 世纪以来中华文化的主流。"王以第认为:"红色文化是新民主主义革命时期,在中国共产党的领导下,由中国共产党人、一切先进分子和人民群众共同创造的、具有中国特色的先进文化,是物质文化、制度文化和精神文化三者的有机统一体。"

以上是对红色文化概念的梳理,从历史演进来看,红色文化与中国共产党密不可分,是在马克思列宁主义的指导下贯穿革命全程,并在社会主义建设和改革开放中逐步形成的一种文化。从历史原因来看,在特殊的背景和时期下,红色文化经过长期的历史积淀,是对历史的传承和记忆逐渐被大众认可的文化。

因此,红色文化的概念是比较明确的,即在革命战争时期,中国人民在中国共产党的领导下,在革命、建设以及改革中把中国革命实践与马克思主义相结合,所创造的具有中国特色的先进文化,其蕴含着厚重的历史文化和丰富的革命精神。红色文化是对当代社会生活和社会记忆产生积极作用的一种文化,是一种重要资源,它包括非物质文化和物质文化。

2. 红色文化的内涵

红色文化的底色是“红”的,它是一种先进文化。红色文化融入了中国革命精神、特色文化传统和社会主义价值体系,它凝聚了共产主义革命过程中人类的共同价值。在中国共产党的带领下中国人民产生了不畏艰险、勇于牺牲的革命精神,最终赢得胜利。中国的红色文化是独具一格的,首先它是一种革命精神、爱国精神、改革精神和建设精神,是以马克思主义为灵魂,以中国特色社会主义的共同理想为主题,以改革创新和爱国主义为核心的时代精神。习近平总书记说:“我们要弘扬社会主义核心价值观,弘扬以爱国主义为核心的民族精神和以改革创新为核心的时代精神,不断增强全党全国各族人民的精神力量。”① 习近平总书记的论述更是红色文化价值内核的核心。

红色文化的内涵彰显了中国特色。在中国革命过程中形成了不同形式的红色文化,如西柏坡精神、延安精神、井冈山精神、沂蒙精神、红船精神、抗美援朝精神等,以及在改革过程中形成的航天精神、改革开放精神等,这些都是具有中国特色的红色文化,反映了中国特色社会主义发展的历史轨迹。红色文化不断传承着中国的传统文化精神。正如习近平总书记所说:“独特的文化传统,独特的历史命运,独特的基本国情,注定了我们必然走适合自己特点的发展道路”。②红色文化的诞生与发展,是在鸦片战争、救国图强运动、民族独立和复兴之路过程中,形成的自我革命、勇于担当、奋斗进取、实践创新精神等,这些都是中国传统文化中的优秀基因, 独特的红色文化时刻体现着中国特色、时代特征。

红色文化代表着积极向上,物质层面上的红色文化是以物质实体形式存在的红色资源,包括承载革命历史、精神、思想的历史遗迹、革命纪念馆、红色旅游

---

① 习近平:《习近平谈治国理政》第二卷,外文出版社,2017,第 36–37 页。

② 习近平:《胸怀大局把握大势着眼大事 努力把宣传思想工作做得更好》,《人民日报》2013 年 8 月 21 日。

地、红色影视文学作品等，这些以实物形式存在的红色文化是最真实的历史遗存。精神层面上的红色文化是以革命理论、传统、精神等没有实物的意识形态存在的红色资源，红色文化涵盖的实质既包括文化、经济、生活、社会等方面的内容，又包括军事和政治等。

二、红色文化在乡村文化建设中的重要作用

1. 红色文化的教育作用

红色文化是国家最为宝贵、最具特色的文化资源，它不仅在我国的政治、经济、社会和文化的发展中起着重要作用，还在乡村文化的发展和建设中起到引领作用。乡风文明要求在农村塑造积极向上、奋发进取、朝气蓬勃的文化环境，营造健康文明、秩序良好的社会风貌，这样才能在思想上和精神上为乡村振兴提供文化支撑。

发挥红色文化的教育作用，可以有效吸引人才聚集乡村。教育引导是乡村文化建设的关键。红色文化是革命先辈们在拼搏与奋斗中形成的强大精神，深入挖掘各农村地区的红色基因，使红色文化中的爱国、奉献、敬业等优良品质成为最鲜活的教育内容。首先，对区域和乡村的红色文化遗产进行整体规划，提炼红色精神内涵，引入高层次的培训项目，在乡村建设红色教育基地，开展丰富多样的革命传统、新中国史、党史教育，以现场教学、专题讲授、情景剧等方式，让学习人员融入红色历史，使红色教育真正入心、入脑。其次，把乡村的红色文化拓展到红色影视、红色演艺、红色出版等相关领域中，人才和产业是乡村振兴的关键，逐渐建立以红色文化遗产为依托的红色教育体系，吸引技能型、学术型、管理型等各类核心人才，聚集人才才能带来活力。

农村基层党组织要充分利用当地的红色资源，对干部、党员和群众进行教育，本地和本家族革命先烈的故事都是非常有代入感的，能够更好地激发干部群众的认同感。对于农村的学生来说，成长在具有红色基因和革命历史的村庄是一种骄傲和自豪，红色文化在育人功能上，有利于把革命精神扎根在每个农村孩子的心中，使他们努力学习、脚踏实地为建设祖国做贡献。对于村民来说，当地红色乡村文化的丰富内涵，能够提升村民对乡村红色文化的认同感，促进农民个体的价值观朝着正确方向发展，并内化在思想和行动上，增强村民的文化自信和文化自觉，乡村文化与红色精神是一脉相承的。

2. 红色文化的经济作用

红色文化在对村民思想价值进行教育引导的同时，也对乡村经济的发展起着重要作用，红色文化在精准扶贫中能够促进产业发展，通过乡村红色资源把农村的很多产品进行创新性发展和转化，也是拓宽农民收入的途径之一。对红色文化的重视可以促进观光农业、乡村民俗、文化创意、红色教育等产业的不断融合发展，开发利用红色文化资源利益机制，有助于乡村产业兴旺和乡村文化产业的发展。随着城乡之间差距不断缩小，农村的很多青年劳动力开始走向城市，乡村文化建设的基础被削弱，红色文化作为宝贵的精神资源，如果和农村优秀的民风民俗文化、绿色生态文化结合在一起，能够在一定程度上创新经济发展形态。

红色文化是产业发挥活力的重要渠道，文旅融合能够激发乡村经济发展的内在动力。例如将延安精神发展为“绿色+红色”的乡村发展模式，打造红色文化品牌，因红军经过地的遗址几乎横跨陕西省，具有非常重要的历史价值，现在已经建立起红军过境户县纪念馆，并开展战时情景模拟、重走红军小道等形式的文旅活动。不断创新乡村红色文化形式，促进民俗休闲、农耕文化体验、农产品销售、农家乐旅游等旅游消费，提升红色价值链，利用革命遗址、战场纪念地、人物旧居等红色实物，根据时代特色设计红色创意产品，不断丰富红色文化的产品形态，从产业链上提升红色文化的经济价值。对农村的红色文化进行修缮保护、挖掘整理以打造景点、规划路线、推广宣传，开发建设一批以红色旅游为核心的项目，打造知名红色旅游品牌，用文化留住梦想、用红色促进发展。

第三节　沂蒙红色乡村文化

“文化是一个国家、一个民族的灵魂，是一个地区发展的重要支撑。”沂蒙精神文化底蕴深厚、源远流长。以沂蒙地区特定的地理优势和历史环境为依托，沂蒙精神也是沂蒙山革命老区最为宝贵、最具政治优势的精神财富。独特的沂蒙文化铸造了沂蒙精神的文化价值和时代内涵，在沂蒙山革命老区各方面发展中发挥着重要作用。

一、沂蒙红色文化

沂蒙是山东乃至全国著名的革命老区，有山东“小延安”之称。沂蒙人民曾经饱受战乱与贫穷之苦，他们渴望解放，追求自由。沂蒙是中国共产党在抗日战争初期开辟创建的几大著名革命根据地之一，在这里开展过抗日救亡运动、武装斗争和土地改革。共产党员在战争中保家卫国、不怕牺牲的精神，以及为人民服务的优良作风鼓舞着沂蒙人民。沂蒙红色文化是在反对外来侵略、勇敢抗敌的革命实践中形成的，是沂蒙人民对历史和现实的双向选择。“最后一口粮做军粮，最后一个儿子送战场”，这是沂蒙人民在革命战争中最为真实的写照，为前线部队提供粮食、物资和兵源，不顾个人安危抢救伤员、抢修道路。陈毅曾高度评价沂蒙人民大无畏的支前精神，强调战争的胜利是“山东人民用小车推出来的”。沂蒙山革命老区人民的拼搏精神和革命热情，发展和创造了沂蒙红色文化，丰富了沂蒙文化的精神内涵。

沂蒙红色文化包含物质载体和精神载体两种形态，物质载体主要是在沂蒙各地区散布着革命文物、遗址遗迹、纪念馆、烈士陵园、革命艺术作品等红色文化，例如战争中用过的刀、炮、盾、枪等武器；革命者所看过的报纸、电文、书等，用过的被褥、碗筷、水杯、椅子、桌子等，以及穿过的服装等实物。精神载体主要指沂蒙人民在实践和革命中形成的观念、思想和理论等，红色精神载体是沂蒙人民的政治信仰。沂蒙红色精神文化与物质文化相互依存、相互联系，二者相辅相成共同发展。

沂蒙红色文化的不断发展，使先进的革命思想在沂蒙地区得到发展，奠定了坚实的群众基础和革命基础。革命战争时期的沂蒙山革命老区，建立了山东省第一个团支部，并涌现出大批像沂蒙“六姐妹”和沂蒙“红嫂”等英勇代表，她们身上所具有的无私奉献精神诠释了沂蒙红色文化的特征与内涵。识字班、庄户学等的出现使沂蒙人民的文化运动进入了高潮，“村村办学，户户学习，抗日救国，人人有责”的抗日与学习热情，为沂蒙取得抗战胜利奠定了基础，也宣扬了沂蒙红色文化。在战争的洗礼下，沂蒙人民自强不息，为实现民族复兴，坚定地在共产党的领导下保家卫国，铸就了生死与共、水乳交融的沂蒙革命精神，沂蒙人民在革命战争的基础上，不断弘扬和发展沂蒙地区优秀的传统文化，丰富沂蒙精神的内涵，这些都是沂蒙人民思想政治觉悟不断提高的体现。

沂蒙红色文化有着鲜明的时代性、地域性、开放性和先进性。沂蒙红色文化不是一成不变的，它在抗日战争和解放战争时期产生，在社会主义建设和改革开放的伟大实践中得到发展，在新时代不断丰富精神内涵，随着沂蒙的发展而发展，在与时俱进中形成了鲜明的时代特征。以孔子为代表的儒家文化深深地影响着沂蒙人民，在传统美德"仁、义、礼、智、信"等的影响下，沂蒙人民养成了吃苦耐劳、忠厚老实、善良勇敢、重情重义的优秀品格，这体现着沂蒙红色文化显著的地域性。沂蒙红色文化虽然诞生于沂蒙山区，具有鲜明的地域文化特色，但它绝不是落后封闭的，而是一种兼收并蓄、开放包容的文化精神。在中国共产党成立之前，中国共产党创始人之一王尽美就在沂蒙撒下了革命的种子，随着中国共产党的成立，沂蒙地区的有志青年、激进知识分子纷纷接受了马克思主义理论，成为中国共产党党员，他们通过各种方式广泛宣传革命真理和马克思主义理论，在沂蒙人民心中埋下了共产主义的种子。

在社会主义革命建设中沂蒙红色文化发挥着重要作用，在社会主义现代化国家建设中要采取各种措施大力弘扬和传承沂蒙红色文化。一是深入挖掘沂蒙红色文化资源，加大对革命历史资料的收集、整理和研究，并处理好沂蒙红色文化资源开发与保护的问题，把二者结合起来，发挥沂蒙红色文化在社会主义现代化国家建设中的积极作用。二是不断创新和拓宽沂蒙红色文化的传播途径，按照时代要求构建新的传播平台，积极利用新媒体等，对沂蒙红色文化进行宣传，提高传播力度；加大对沂蒙红色纪念馆的建设，坚持免费开放，让沂蒙乃至全国各地的人们都能接受沂蒙红色文化的熏陶和教育，提高沂蒙红色文化的影响力、渗透力和传播力。

二、沂蒙红色乡村文化内容体系

沂蒙红色文化是沂蒙地区特有的文化资源优势，它具有经济和文化双重价值属性，对沂蒙地区的乡村建设和乡村振兴有着巨大的促进作用，是近几年来沂蒙地区农村快速发展，实现经济腾飞的重要原因。彰显沂蒙红色文化的精神力量和文化价值，有助于推进沂蒙乡村移风易俗、培育良好的乡风文明；促进品牌产业和沂蒙旅游产业的发展；带动产业扶贫和文化扶贫，实现精神富裕；沂蒙红色乡村文化为乡村振兴提供了动力，创造了条件，有利于沂蒙农村实现跨越式发展。

1. 红色文化底蕴的乡风文明

乡风文明是农村发展中的重要内容之一，它是一个村庄风俗、风气、风土人情等的集中体现，具有天然性和历史性，是实现乡村振兴的灵魂，而沂蒙红色文化作为具有地域性和时代性的文化力量，它所有具有的文化内涵对农民的思想建设、农村的移风易俗、乡风文明的进步起到推动作用。

沂蒙红色乡村文化内容之一是推进移风易俗，培育乡风文明，为农民服务。沂蒙红色文化中的民俗文化，有利于在沂蒙乡村形成新风俗。通过深入调研发现，为使移风易俗落地生根，沂蒙很多农村地区自发组成了庄户剧团，采用沂蒙红色民俗文化中的沂蒙山小调和柳琴戏等表演形式，不断推出并展演具有新风尚的移风易俗节目。例如郯城县杨集镇孔圩社区用沂蒙方言腔调和柳琴戏演绎的庄户剧团，通过演唱的方式宣传移风易俗，这种通俗易懂、寓教于乐的形式受到农民的认可。沂蒙红色文化不仅提高了农民的道德文化水平，也使农民更加坚定地听从党的指挥和号召，从自身行动落实移风易俗的要求和计划。

沂蒙农村地区的覆盖面较广，农民人口较多，在婚嫁丧仪中陋习较多，沂蒙农村地区移风易俗工作中存在的陋习，有70%~80%来自殡葬事宜，例如大操大办、乱埋乱葬、随处修坟地等。临沂市通过组织文艺宣传队去各农村地区演出，推进移风易俗建设，在《二十四孝》《墙头记》等地方戏中对沂蒙孝文化进行宣传。临沂市市长任刚曾对沂蒙地区的移风易俗工作提出要求：“要在本质上教化人心，要加大对农民的宣传教育，形成声势，让老百姓认可且自愿去做。”沂蒙红色文化可以教化人心，有利于在农村形成婚丧嫁娶的新风尚。

乡风文明建设包括乡村文化、乡村风俗和乡村思想道德等方面，培育具有红色文化底蕴的乡风文明可以推动农民进步、农村发展，有利于实现乡村文化振兴。沂蒙红色文化内容丰富、内涵深刻，对沂蒙地区农村在乡风文明建设上发挥着重要指引作用。要弘扬优良家风，才能形成良好的社会风气，推进乡风文明建设。沂蒙孝文化和家教文化是沂蒙文化中的显著代表，并且临沂有着众多的历史名人，它们在优良家风的传承、文明乡风的培育等方面起着重要作用。颜真卿、诸葛亮、王览、王祥、颜杲卿被称为沂蒙“五贤”，他们身上所具备的忠信、仁孝、贤德等优良品德，在潜移默化中影响着沂蒙人民，使他们的个人品德、家庭美德和社会公德等方面的修养不断提高，涵养淳朴的民风和良好的家风。沂蒙地区的非物质文化遗产种类繁多，一方面是百姓获得经济收入的途径，另一方面也是沂蒙优秀的民俗文化。政府会在春节、中秋节、元宵节等传统节日,举办一些赛事和民俗活动,在节庆活动中展示沂蒙特色的小吃和民俗艺术品等,有利于良好民俗文化的培育。

乡风文明虽然看不见摸不着,但作为一种无形的力量对于充实农民的精神世界非常重要,在沂蒙红色文化润物细无声的影响中和睦的家风、文明的乡风蔚然成风。

2. 红色文化支撑的旅游产业

文化具有渗透功能,可以蔓延到传统农业的发展进程中,促进农业的转型升级。沂蒙农村的自然山水、特色民俗、风土人情、传统历史等的发展都离不开沂蒙优秀红色文化的支撑,沂蒙红色文化可以促进沂蒙地区的农业、文化产业的创新性发展。沂蒙文化中的历史名人、红色文化、民俗文化、自然文化等对沂蒙山区的旅游产业产生重要影响,沂蒙逐步构建起了“绿色沂蒙、红色沂蒙、文韬武略、地质奇观”的特色旅游板块。

依托于沂蒙地区的自然景观、地质地貌和自然文化打造的“绿色沂蒙”,是一批精品旅游项目。例如,沂水的地下大峡谷,是以溶洞为特色的沂蒙地下奇观,特别是经过几百万年演变而成的钟乳石景观,是沂蒙地区弥足珍贵的特色旅游资源。以岱崮地貌为特色的蒙山旅游区,有着群崮环绕、层峦叠嶂的崮上草原,还有色彩斑斓、层层叠叠的岱崮梯田花海,以及因“南北岱崮保卫战”而名垂青史的岱崮村,蒙阴的岱崮地貌以及丰富的历史文化资源,彰显了沂蒙山的独特风光。周边的村庄依靠沂蒙地区的自然文化资源,对沂蒙古村落和民俗文化进行整合,打造了一批休闲旅游度假村,如沂南竹泉村旅游度假区、百泉峪生态旅游度假村、兰陵国家农业公园等。其中竹泉村被誉为全国美丽乡村,其原生态的朱泉景色、传统的村落、乡村民俗以及特色美食等吸引了大批游客,是民俗文化与自然景观相结合的典范,木雕、柳编、沂蒙煎饼等手工体验,使沂蒙地区的乡村旅游产业得到创新性发展。

依托于沂蒙红色文化的“红色沂蒙”,利用沂蒙山革命老区的优势,着力打造红色旅游产业,临沂的红色旅游产业发展已经成为山东省红色旅游的领头羊。乡村旅游是精准脱贫和乡村振兴中的重要内容,也是带动农村经济发展的重要手段。临沂市把红色文化与乡村旅游结合,打造九间棚红色旅游区、鲁南烽火红色旅游区、滨海传奇旅游区、华野诞生地旅游区、沂蒙山根据地旅游区,并对沂南马牧池乡、岱崮镇、蒙阴垛庄镇、莒南大店镇等具有红色文化底蕴的乡村进行编制规划。

沂蒙地区孕育了众多的历史名人，如书圣王羲之、算圣刘洪、智圣诸葛亮、兵圣孙膑等，依托这些沂蒙优秀儿女的代表打造了一系列的人文景观，如王羲之故居、颜真卿故里、诸葛亮故里、东夷文化园等历史名人景区，借助历史文化故事开展相关旅游参观活动。在沂蒙红色文化的支撑下，以"文化+旅游"的形式创新性地把沂蒙自然、历史、民俗的文化内涵，转化为具有教育功能和发展底蕴的旅游产业，从而推动沂蒙乡村文化的发展。

3. 沂蒙红色品牌产业

沂蒙红色文化是一种能够优化产业结构的隐形资产，可以有效建立沂蒙红色品牌产业，为农村地区的发展和振兴带来巨大的经济效益。临沂凭借革命老区的自然资源和政治资源优势，不断深化改革，调整农业产业结构，将品牌作为引领提升农产品的附加值。通过对沂蒙企业和农业形象的包装以及品牌宣传，使沂蒙红色品牌和优质农产品品牌不断壮大，推动临沂品牌产业的发展。

农产品的品牌建设是农业现代化的重要内容。临沂的自然环境和气候有利于农作物生长，丰厚的土地资源使农产品的种类多样、物产丰富，很多地区成为优质农产品的示范基地。依靠沂蒙山革命老区的资源优势和特色优势，对优质农产品实施品牌引领战略，建立农产品基地，促进农产品品牌的宣传推广，打造沂蒙地区农产品的金字招牌，深入挖掘品牌的文化内涵，把沂蒙红色文化与地方特色、地方风格巧妙融合，在文化创意、产品质量、市场推广中形成独特的临沂模式。临沂打造了一系列享誉全国乃至世界的优质农产品，如苍山牛蒡和大蒜、沂南黄瓜、蒙阴蜜桃、临沭柳编等。这些优质的农产品，打响了"生态沂蒙山、优质农产品""山好水好生态好、人好景好产品好"的口号，让"产自沂蒙"成为一种自豪。临沂还抓住互联网带来的机遇，利用主流媒体对沂蒙红色品牌进行宣传，在山东电视台、中央电视台等播放相关广告和专题节目，提高沂蒙优质农产品的知名度。

临沂充分发挥沂蒙山革命老区的优势，在经济和文化的一体化发展下，沂蒙红色文化带动了一系列经济产品的发展，也衍生出了一大批红色经济品牌，如"拥军独轮车""沂蒙老区酒""拥军布鞋"等，以及以沂蒙"六姐妹"、沂蒙"红嫂"为主题的影视剧等，使沂蒙红色文化转化为经济品牌，促进临沂农村地区相关产业的创新化发展。

4. 红色文化创新乡村治理模式

实现农村持续稳定发展的现实基础是乡村治理。农村基层党组织是农村建设的重要力量,党组织的号召力和凝聚力以及农村党员干部的思想政治觉悟都是农村治理中的关键因素。习近平总书记曾指出,很多村规民约和风俗习惯都具有深厚的传统文化基因,在乡村中发挥着重要作用。沂蒙红色文化内涵能够凝聚基层党组织的力量,把农村的法治、自治与德治相结合,创新乡村治理模式,使农村实现和谐稳定发展。沂蒙红色文化在革命和历史的锤炼中逐渐发展为一种先进文化,既有政治功能,又有教育功能,是沂蒙精神的集中体现。

加快临沂农村地区的发展,缩小城乡差距,一方面需要国家政策的扶持,另一方面需要靠人民群众和党组织的力量,共同推进沂蒙地区农村的发展。生死与共、水乳交融的党群关系是在沂蒙红色文化的影响下铸造的,沂蒙人民铁心向党、忠诚担当的精神促使临沂地区飞速发展。把沂蒙红色文化融入农村基层的党建工作中,"能够为乡村基层党组织奠定思想基础,提供现实载体",能够凝聚基层工作者的力量。在沂蒙红色文化的感召下,农村基层党员干部的党性修养得到提高,基层党组织密切联系群众的工作效率得到提升,党建引领、廉政为民的工作作风得到发扬,培育了一批乡村党组织带头人。

兰陵县代村社区的党委书记王传喜就是一个杰出代表,他把代村的基层党组织打造成了一个一心为群众办实事的坚实堡垒,代村"两委"(村党支部委员会和村民委员会)班子成员在王传喜的带领下,坚持每天早上6点准时开晨会。"两委"成员非常注重察民情、听民声、解民意,凡是村里的重大事情和决议都让老百姓参与,事事公开透明,并接受农民监督,激发农民内在积极性。代村党员干部在工作和学习中一直发挥着先锋模范作用,王传喜带领代村的农民群众自力更生、艰苦奋斗,实现了村富民强的目标,使代村被评为"社会主义新农村建设的典范"。厉家寨村、九间棚村是临沂农村建设的样板,更是基层党组织坚定跟党走、充分发挥党组织力量、弘扬沂蒙精神的乡村典范。

沂蒙文化中的孝文化、家教文化、红色文化等有利于弘扬社会正气,能够更好地推进临沂农村法治、自治、德治建设。孝圣王祥的故乡就在临沂,"二十四孝"的故事中有"七孝"发生在临沂,其中"卧冰求鲤"的民间故事口耳相传、家喻户晓,沂蒙地区崇尚孝慈,特别是在农村地区村民赡养父母、孝敬父母,孝文化成为沂蒙地区优秀的传统文化，是农村德治中的重要内容。诸葛亮一生廉洁奉公、秉公执法、善待百姓、仁政爱民的思想值得后人效法，在“诸葛亮文化节”等活动中，不断弘扬诸葛亮文化，推动临沂经济、文化发展。通过发挥沂蒙文化中优秀传统文化的引领作用，使得农村百姓能够在思想上得到改变，接受道德规范的约束，实现乡村自治。

临沂的家教文化有着悠久的历史，对村规民约的制定和农村的法治建设产生一定的影响，使村民百姓自觉开展自我批评，更好地规范村民言行，对调解邻里纠纷、家庭矛盾等起着重要作用。临沂各农村地区根据家教文化纷纷组织好媳妇、好婆婆、美家风、传家训、立家规等活动，通过评选等活动弘扬真善美，还成立了“村民道德评判团”，对村民行为的好坏进行评判，以此形成正确的道德观念。在道德建设的同时推进法治建设，坚持法治思维、问题导向，对于矛盾纠纷和治安问题较多的村庄，实行综合整治，对村里的黑恶势力和违法行为严厉打击。沂蒙红色文化对农村的治理起到了促进作用，对农民的行为起到规范作用，提升了农民的自治能力，充分发挥了道德涵养的力量，使农民能够尊老、向善、重信，从自身约束自己，合理参与乡村治理工作，打造积极向上、充满活力的文明乡村。

5. 农村的红色文化生活及文化自信

沂蒙红色文化是沂蒙人民宝贵的精神财富，在革命战争年代，它激励人民顽强斗争，在今天，它仍影响着人们生活的方方面面，它所衍生出的红色文化作品，丰富了临沂人民的文化生活，特别是对于临沂的农村来说，对当地红色文化资源的挖掘，丰富了村民的文化生活，提升了村民的文化素养和文化自信。

沂蒙红色文化中的大多数革命故事都来源于农村，这些革命故事催生出很多文学作品和艺术作品，例如《铁道飞虎》《永不磨灭的番号》《沂蒙六姐妹》《沂蒙》等影视剧，《铁道游击队》《鱼水情乡桃棵子》《沂蒙红嫂祖秀莲》《晴天》等书籍，《我的家乡沂蒙山》《沂蒙山小调》等歌曲，还有很多美术和摄影作品，这些文艺作品真实地再现了临沂作为革命老区的革命精神内涵。另外，推进沂蒙红色文化下乡，开展惠民文化演出，定期在村里放映《地道战》《地雷战》等主旋律电影；以柳琴戏为代表的沂蒙民俗文化表演为农民带来了欢乐，也让农民对民俗文化有新的认识；以孝文化为主题的各种剧目的巡演、评优评选等活动，在宣传孝顺美德的同时，也提升了农民的整体素质，丰富了农村和农民的精神文化生活。

临沂人民在脱贫攻坚的道路上,一直都在从沂蒙精神和沂蒙红色文化中汲取力量和智慧,他们身上的干劲、拼劲和抢劲,形成了自主脱贫的内在动力,使其在自力更生和艰苦奋斗中坚定信念,打赢脱贫攻坚战。临沂农村在脱贫发展中始终坚持把精准脱贫和沂蒙精神相结合,解决农村中缺乏精神指引的问题,传承弘扬沂蒙红色文化,全方位提升和改善农民群众的思想道德修养和精神面貌,形成了大户帮小户、强村帮弱村、先富带后富团结一致共同脱贫的新局面。临沂无论是从区位条件上还是从发展基础上都没有特别的优势,作为革命老区能够取得如今的发展成就,离不开沂蒙红色文化对当地农民的鼓舞和教育作用。农民群众默默奉献、苦干实干,发扬着自强不息、吃苦耐劳和艰苦创业的沂蒙精神,用自己的实际行动诠释着老百姓脱贫致富的决心。

兼顾思想价值和经济效益的红色文化建设,是有效促进革命老区农村经济发展,带动贫困地区脱贫致富的重要方法。以著名的"红嫂之乡"沂南县马牧池为例,陈毅、罗荣桓等革命家都曾在马牧池工作过,沂蒙"母亲"王换于、沂蒙"红嫂"明德英的故事也发生在这里。马牧池的常山庄村因为地处偏远、交通闭塞曾是著名的贫困村,现依托红色文化资源优势,让"红嫂"唱主角,建设了沂蒙红嫂纪念馆、沂蒙红色影视基地、常山古村落等具有沂蒙红色文化内涵的产业,促进常山庄村经济发展。《沂蒙六姐妹》《红高粱》《沂蒙》等红色影视剧,都是在马牧池影视基地拍摄的,影视基地吸引了大批游客,也给当地村民带来了就业机会,使农民收入不断增加。常山庄村依托沂蒙红色文化走出了一条脱贫致富的创新之路。

在沂蒙红色文化助力脱贫的众多案例中,常山庄村的发展只是其中的代表之一。临沂丰富的文化资源和悠久的历史,孕育了特色鲜明的沂蒙红色文化,而沂蒙红色文化发挥的辐射带动作用,为农村地区的产业结构调整和转型提供了动力支持,推动了农村经济发展,助力了革命老区实现乡村振兴。

第五章

沂蒙精神的乡村文化传承

习近平总书记在党的十九大报告中强调，让贫困人口和贫困地区同全国一道进入全面小康社会是我们党的庄严承诺。随着各贫困地区人们物质条件的改善和生活水平的提高，人们开始追求精神文化生活，文化扶贫成为新时代扶贫工作的重要内容。2015年颁布的《中共中央 国务院关于打赢脱贫攻坚战的决定》指出，“扶贫先扶智，增强贫困人口自我发展能力”，正式将文化扶贫纳入政策的“中心议题”，对文化扶贫的重要价值进行了充分肯定。

临沂市是书圣故里、书法名城，历史文化底蕴深厚，尤其以沂蒙精神为源泉的红色文化是滋养沂蒙儿女的宝贵财富。临沂市在精准扶贫中充分发挥文化的带动作用，提高扶贫对象自身素质、增强扶贫对象的自我发展能力。从而实现脱贫致富。临沂市创新开展文化精准扶贫“3+7”行动：“3”即实现贫困群众“动起来”“乐起来”“富起来”三大目标；“7”即采取七大措施，着力解决偏远山区、贫困地区群众文化生活匮乏、文化服务和文化产品供给不足等问题，满足贫困地区村民的文化需求，激发和树立干部和群众在脱贫致富中的热情和信心，共创沂蒙山革命老区人民美好新生活，走出一条具有沂蒙特色的文化扶贫之路。

第一节　乡村文化景观 传承红色基因

一、红色堡垒村

临沂是著名的革命老区，在全市各地遍布着红色堡垒村，沂蒙山革命老区最珍贵的历史文化遗产就是这些红色堡垒村，它们是红色文化传承的重要载体，也是乡村振兴中的宝贵资源。临沂市对有着革命历史经历的村庄进行深度挖掘，高度重视这些村庄的历史价值，对有革命历史遗址的村庄进行及时性保护，将这些红色堡垒村的历史资料整理后，编纂成书进行出版，对乡村的遗址等进行修筑保护，使这些村庄的历史文化得到留存，革命精神得到传承。

加强沂蒙精神研究，是深入学习贯彻习近平总书记重要指示精神的要求，是弘扬沂蒙精神的题中应有之义，也是沂蒙老区的一件大事①。临沂市制定了

① 任刚：《沂蒙精神：“水乳交融生死与共”铸就伟大力量》，中共中央党校出版社，2018，第1页。

《沂蒙精神发扬光大工作方案》,充分利用革命战争年代的指挥部旧址、战斗遗址、堡垒村庄等红色资源,建成366个红色纪念馆、历史文化展示室,生动展现了“水乳交融、生死与共”的深刻内涵。

2019年至2020年,临沂市共打造了5个红色堡垒镇、80个红色堡垒村。通过乡村振兴战略,对乡村中损害严重的革命历史遗址进行修复、对在当地发生的重要历史事件的场景进行复原。例如:临沭县店头镇的陈巡会村通过自筹资金建设了滨南红色文化纪念园,将鲁东南地区“红色第一村”的历史进行再现;临沭县郑山街道的古新街作为刘少奇同志渡过沭河的起点,充分利用红色文化的优势,建设了历史展览馆;沂南县常山庄村本是曾经的贫困村,得益于保护性开发,这片被红色信仰浸润过的土地,成为红色堡垒的第一村。

在这些红色堡垒村里游走,既能被村里的特色建筑所吸引,也能在这些革命历史展馆和党性教育基地中学习沂蒙土地上英雄儿女的事迹。

在未来,临沂市将继续挖掘沂蒙红色堡垒村的历史文化价值,对其加大宣传,使这些红色堡垒村走向全国,通过乡村文化振兴传承红色基因,弘扬沂蒙精神,为大美新临沂的建设做贡献。

二、文化创意小镇

文化创意小镇在促进乡村产业转型和升级,传承中华民族的优秀传统文化方面有着十分重要的作用,把乡村发展与文化创意相融合的创新方式,能够推动文化和农业、旅游、科技等产业的融合。文化创意小镇对保持当地历史风貌,保护当地传统文化,促进当地文化传承,推动当地经济和文化发展有着重要作用。

临沂市先后建设的沂南县朱家林创意小镇、费县奇石特色小镇、蒙阴县钻石小镇等一批文创小镇,为凝聚新产业和新业态,助推当地经济发展和转型升级提供了新动力。

临沂市目前拥有2个国家级特色小镇和9个省级特色小镇,其中最具沂蒙文化代表的就是蒙阴县岱崮的中国军工文化园。作为全国特色小镇,岱崮镇充分利用革命老区丰富的军工文化资源,进行军工文化小镇的建设。岱崮曾经发生过大崮保卫战、智取安平崮等著名战斗,并且有省级、县级革命遗址、烈士墓、革命旧址等,用当地特色石头建造知青大礼堂和岱崮地貌地质博物馆,把原来的“三线”军工厂中的宿舍改建成景区的客房,利用知青元素建造人民公社食堂,使红色文化资源和历史场景随时映入眼帘,在乡村与历史之间建起了沟通的桥梁。将崮岳文化、“三线”军工文化和红色革命文化融合在一起,在乡村小镇的常态化运作中传播和传承。

2021 年沂州古城即东夷文化特色小镇被认定为省级服务业特色小镇的培育单位,沂州古城深入挖掘临沂的古文化底蕴,通过建造 11 处文化节点,把临沂的书法、兵法、名人文化以及儒家文化和孝文化等全面展现,把古今融合、文旅融合等结合在一起,通过古城文化振兴经济发展。

三、乡村文化产业园

2020 年 4 月 15 日临沂市文化和旅游局印发的《关于推动“一乡一品”特色文化产业发展的实施意见》指出,临沂地区的特色村镇应该立足当地特色文化资源,发挥优势,把本地所具有的文化资源优势转化为当地的产业优势,并加快建设乡村文化产业园,对优势文化产业园进行积极培育,实施“一乡一策”,推动“一乡一品”的特色文化产业发展。目前在临沂市形成规模的乡村文化企业约 120 多家,文化成为助农增收、乡村振兴的重要渠道。

山东省临沂市红花镇是全国最大的中国结生产基地,一个小小的红花镇就有 2 万多人在从事中国结的加工制作工作。近几年随着电商平台的发展,目前红花镇的中国结产业形成了以公司、网络、农户为主的销售模式。中国结作为山东省红花镇传统的民间手工艺产业,是红花镇乡村文化产业的重要构成部分,是农民增收致富的红色“纽带”。从过去的家庭作坊式生产发展成为中国结产业园,红花镇依托临沂市小商品贸易市场产品不仅在国内畅销,还远销美国、日本、东南亚、韩国等国家和地区,市场占有率在 70%以上。

临沭县作为中国的柳编之都,在脱贫攻坚中,根据当时当地的实际情况,利用柳编特色产业,通过不断开发新产品、创新工艺、做强产业链条等,推进产业转型和升级;并且通过建立扶贫车间,帮助贫困户参与柳编的生产和加工,充分发挥柳编的经济、社会、文化和艺术价值,对传承和发展当地的柳编文化带来积极影响。

四、乡村文化兴盛行动

一是加强农村的文化阵地建设。按照“有乡村大舞台、有文化小广场、有文化活动室”等“七有”标准，不断完善农村的公共文化设施。每村都有自己的文艺队，主要用于活跃乡村文化氛围，包括劳动之余跳跳广场舞、重要节庆日开展各种娱乐活动等。乡村文化广场，一方面丰富了农村百姓的文化生活，另一方面也成为农村进行文化宣传的重要阵地。在临沂乡村的小广场上，随处可以看到扭着秧歌、拉着二胡、跳着广场舞的人们，还有专门的强身健体场所，这些乡村文化广场的发展正在悄然改变着农村人的生活习惯。

二是组织实施“送文化”下乡。组织全市国有文艺院团、民营院团、庄户剧团“送戏入村”，确保实现“一村一年一场戏”；通过启动标准化放映工程，确保实现“一村一月一场电影”；打造节会品牌，2018 年举办了首届沂蒙乡村文化节，通过乡村广场舞大赛、歌手大赛、器乐演奏大赛、剪纸、书画、非遗等大赛和特色文化活动，丰富农民的文化生活，培养乡村文化能人。通过乡村文化节活动，为农民搭建文化交流和展示的平台。农民的文化精神面貌是传递正能量、唱响新时代主旋律的重要组成部分，在乡村文化活动中弘扬沂蒙精神，凝聚力量以实现乡村振兴。临沂市连续举办了 18 届书圣文化节、10 届诸葛亮文化旅游节、20 届民间秧歌会、20 届广场文化艺术节、两场乡村文化旅游节，以此丰富乡村农民的文化生活。

三是整合资源创新文化服务形式。通过推广“农家小书屋”“农家小书柜”等形式，确保“一村一个阅览处”。在贫困村中培育扶持庄户剧团，并将其纳入各县区政府购买服务，带动全部贫困村建立一支永久型文化演出队。通过实施文化惠民聚焦贫困村，把沂蒙人民一心为民、大义忠诚、艰苦创业、敢为人先、勇于担当的新时代沂蒙精神，转化成为激发干部群众干事创业、摘穷帽、拔穷根的精神动力。

五、实施铸魂强农工程，强化思想政治引领

在习近平新时代中国特色社会主义思想引领下，持续开展政策宣讲、社科普及等重点工作，推动党的创新理论“飞入寻常百姓家”。一是强化理论武装。通过学习强国平台，组织 40 多万党员群众常态化学习习近平新时代中国特色社会主义思想的基本观点、核心理念、实践要求，不断增进政治认同、思想认同、情感认同，增强“四个意识”、坚定“四个自信”、做到“两个维护”。二是推进社科普及。开展“社科普及周”基层延伸行动，市县(区)每年面向农村举办系列讲座、志愿服务、展览、知识竞赛等主题活动 200 多场次。实施社科普及示范体系建设行动计划，每年创建 2 个市级社科普及示范县(区)、15 个市级社科普及示范乡镇

(街道)、30个市级社科普及示范村(社区)。三是开展政策宣讲。以领导干部带头讲、理论骨干重点讲、草根宣讲团深入讲、文艺分队生动讲、融合媒体立体讲相结合的方式,开展“七讲七进”活动,帮助农村干部群众了解掌握脱贫攻坚、生态环保等与农民利益密切相关的政策。2016年以来,共开展宣讲活动2.8万余场次,受众520多万人。

临沂市乡村文化振兴虽然取得了一定成绩, 但也存在一些问题和薄弱环节。一是重视程度不够。部分县(区)投入力量不足,仍然存在一手硬一手软的问题。二是工作创新不够。部分文化场所设施服务效能发挥不够好,文化活动不够丰富,层次有待进一步提升。三是工作合力不强。工作机制不健全,缺乏奖惩激励手段,还没有形成有关部门各负其责、齐抓共管的工作格局。四是工作力量不足。基层宣传文化工作人员偏少,兼职偏多,难以集中精力创造性地开展工作。

乡村文化振兴,任重道远。下一步,将根据国家、省级和市级精神,积极学习外地成功经验,细化实化各项工作措施,以文化振兴促进乡村振兴,为打造乡村振兴齐鲁样板做出应有贡献。一是加强组织领导。发挥乡村文化振兴专班作用,定期召开专班会议,统筹解决乡村文化振兴工作的重大问题。二是坚持项目化运作。明确项目实施的时间表、路线图、责任制和奖惩措施,加强组织领导和督促检查,确保各项任务落到实处。三是强化政策保障。坚持问题导向,着眼抓重点、破难点、补短板,用足、用好、用活相关政策,为乡村文化振兴创造条件。四是加大资金投入。加大对庄户剧团和民间艺人开展文化活动的资金扶持。引导鼓励社会力量投资兴办乡村文化事业。五是加强新闻宣传。广泛宣传中央及省、市有关政策举措,做好政策解读和评论引导,为推进乡村文化振兴营造浓厚的舆论氛围。

第二节 红色影视基地 扶贫影视剧

一、红色影视基地 做强文化产业

近几年来,山东省临沂市充分利用其地域特色,发挥革命老区独特的沂蒙精神和地域文化特色优势，把影视文化产业作为一个新的发展方向，拉动经济增长，并使临沂影视基地向产业化方向发展。目前临沂市规划建设了临沂国际影视城、沂蒙红色影视基地、临沭县夹谷山影视基地等多家影视基地，临沂的影视基地和影视城在山东省内数量是最多的，临沂市试图在全国范围内建设具有影响力的影视产业聚集群。

1. 沂蒙红色影视基地

在临沂众多影视基地中取得显著发展的是沂蒙红色影视基地和临沂国际影视城，特别是沂蒙红色影视基地，从2009年成立至今，得益于保护性开发，先后承拍了400多部红色影视剧。景区建成至今，累计接待游客500多万人次，周边数千名村民实现了人生的“角色转变”——土地入园当社员、景区务工当职员、摇身一变当演员、售卖产品当店员。沂蒙红色影视基地现已成为红色旅游、绿色养生、爱国教育、写生培训、影视拍摄于一体的综合性旅游胜地。2015年，沂蒙红色影视基地被中央电视台评为十大最美乡村，2016年成为全国红色旅游经典景区，2018年被教育部评为全国中小学生研学实践教育基地，2019年被评为全国乡村旅游重点村。

“水乳交融、生死与共”，是沂蒙精神的鲜明特质。千万沂蒙人民牢记习近平总书记嘱托，结合新的时代条件，不断将沂蒙精神发扬光大，让红色基因焕发出新时代的光彩。坚持以文聚力、以文化人、以文兴业，打造了沂蒙红嫂纪念馆。常山庄村是有着600多年历史的抗战模范村，是著名的“红嫂”之乡，有很多红色遗址，底蕴深厚。沂蒙红嫂纪念馆依托独特的古山风貌，对沂蒙的革命历史进行再现，把沂蒙“红嫂”的感人故事进行全面系统的展示，弘扬了沂蒙“红嫂”及“最后一个儿子送战场，最后一块布做军装、最后一口粮当军粮”的无私奉献精神，沂蒙红嫂纪念馆设置了红嫂主体展馆展区、红嫂生活体验展区和沂蒙红色遗迹展区等。沂蒙“红嫂”并不是一个人，而是一群人，乳汁救伤员的沂蒙“红嫂”明德英、办起战地托儿所的沂蒙“母亲”王换于、架起火线桥的沂蒙“大姐”李桂芳等，这里是沂蒙精神重要发源地和沂蒙“红嫂”精神诞生地。

在沂蒙红色影视基地拍摄的经典影视作品包括《沂蒙》《沂蒙大嫚》《地道女英雄》《山东大嫂》《沂蒙红嫂俺的娘》《齐鲁儿女》等以沂蒙精神和沂蒙“红嫂”为创作素材的作品，这几部作品突出了当地影视基地特色和沂蒙精神，《铁道飞虎》《绝世古镇》《金城档案》《红高粱》等越来越多的主旋律影视剧剧组纷纷来到沂蒙红色影视基地进行拍摄。

随着沂蒙红色影视基地的发展,周边一部分农民做起了群众演员,有的甚至做起了群众演员经纪人,办起了文化公司,慢慢地他们将业余爱好变成了职业,他们成了沂蒙红色影视基地产业化发展中的重要力量,特别是在拍摄历史题材影视剧时,一次就需要上千名群众演员,很多农民为此萌生了在影视文化方面干点事业的想法。有的农民通过出租道具来增加收入,有的农民变身置景师,负责剧组里整个布景的运作,包括美术设计,剧组能陈设的东西、能搭景的布局。这些农民之前有的是做木匠的,有的是卖家具的,现在却成为专业置景师。影视文化产业也成了农民口中的时髦词。影视剧拍摄产业如火如荼,让当地农民增加了收入途径。据统计,凭借沂蒙煎饼、手工艺品、群众演员这些就业渠道,当地农民月均增收上千元。

经过多年的发展,山东沂蒙红色影视基地劳务服务有限公司建起了"一中心""三基地"——影视基地微电影摄制中心,影视演员培训基地、沂蒙红色创客制作基地、就业创业实训基地。为群众演员、技术性较强工种的贫困人口,聘请专业人员进行针对性的培训。马牧池影视基地专门建设了导演和演员的接待中心,还相继成立了道具公司和演员部,拥有拍摄战争戏的各式车辆,演员部则有专人负责,每天可为各个剧组提供多名群众演员。影视剧的热播提高了马牧池影视基地的知名度,浓厚的红色文化底蕴吸引了更多人来此寻访、观光和旅游。沂蒙红色影视基地在讲好沂蒙故事、传承红色基因中发挥着重要的作用。

开展精准扶贫工作后,沂蒙红色影视基地主动承担社会责任,打造了具有自身特色的脱贫攻坚模式,以红色影视基地为依托的乡村旅游,充分发挥旅游业综合性强、关联度高、拉动力大的产业优势,成为沂蒙山革命老区脱贫攻坚、乡村振兴的主力军和"助推器",为全国革命老区打赢脱贫攻坚战探索出一条新路径,并被评为省级龙头扶贫企业。

在山东省委、省政府通过的《山东省影视产业发展实施规划(2018—2022年)》中,沂蒙红色影视基地成为影视产业项目中被重点扶持的对象。沂蒙红色影视基地迅速抓住研学旅行的大好机遇,充分利用红色文化资源,成立研学机构,建红色游学的基础设施,并组织开发红色教育培训、红色旅游、红色体验和红色拓展等研学课程,在"红嫂"的家乡打造红色研学的沂蒙高地。

2. 临沂国际影视城

临沂国际影视城是山东省级文化示范基地，临沂十大文化产业基地，在建设时抓住了古树名木这一当地特色，开发建设百年板栗林，并组织板栗采摘等一系列活动。另外临沂国际影视城把民俗庙会等民间传统文化和艺术融入其中，先后组织和开展了13届新春文化庙会，每年都结合齐鲁和沂蒙文化特点创新形式。2020年迎新春庙会以中华骑兵文化为主题，定期举办大型文艺活动和民间艺人文艺表演，目前已经举办了上百场，并为当地民众观看表演和演出提供场所，产生了很大的影响，在当地形成了具有影响力的文化节庆品牌。它的产业链发展模式取得了良好的社会效益和经济效益。

临沂国际影视城在建筑风格上与台儿庄古镇相似，该影视基地结合了徽派建筑的风格，打造的是北方地区的“南国古城”，特别是日本街、伦敦街、巴黎街、民国街等。其中的中国影视村景区的建设参照的是周边村庄的特色。该影视基地内的影视村景区在建造时照搬附近村庄，有利于本地乡村景观在影视剧中的呈现。在临沂国际影视城拍摄的《红高粱》《永不磨灭的番号》《中国骑兵》《真心英雄》等作品都是影视剧中的精品，表现出了不怕牺牲，具有责任感、使命感等的精神追求和价值追求。

另外还有一批企业投入较少或者规模较小的影视基地，例如孙子兵法3D影视基地，它们并未产生广泛影响，在此处拍摄的影视作品也较少，但是这些影视基地在弘扬和传递沂蒙文化中同样起着重要作用。

随着临沂市经济发展水平的提高和发展方式的转变，人民精神文化消费需求的日益增大，临沂国际影视城未来的发展中需继续做大做强，逐渐成为集食宿、旅游、红色文化于一体的文化产业综合体，使过去不起眼的一个个小村落，实现华丽转身，成为国内影视文化产业发展的新标杆、新高地。

二、扶贫影视剧 传递精神力量

以扶贫为题材的影视剧虽然风格多样，但都非常注重挖掘脱贫地区的地域特征和独特的文化风貌，注重对脱贫地区农民真实生活状态的展示，以小人物的故事反映大时代的精神，对扶贫道路上的艰辛与智慧进行艺术化的呈现。

为展示临沂市脱贫攻坚的成果，积极宣传第一书记的模范先锋作用，塑造“有担当、敢作为”的优秀干部形象，深入挖掘沂蒙山革命老区的红色资源、传承革命精神、开展爱国主义教育，一部由“山东人写、山东人演、山东人拍”的电视剧《遍地书香》在沂蒙大地诞生了。

1.《遍地书香》首部乡村文化扶贫剧

2018 年 7 月 29 日，38 集电视连续剧《遍地书香》在临沂市蒙阴县的椿树沟村隆重开机，历经三个多月拍摄完成。这是我国第一部以扶贫为题材的电视剧，该剧把喜剧特点和励志故事相结合，讲述了一个温暖且感人的乡村读书故事，还没有播出就已经被国家广播电视总局列入 2020 年的脱贫攻坚重点剧目。《遍地书香》以沂蒙山革命老区为故事背景，讲述了第一书记刘世成来到椿树沟村，带领村民走出了一条靠文化脱贫，用文化致富的发展道路。在沂蒙精神的指引下，临沂市的乡村变得越来越美丽，农民变得越来越有文化，农业变得越来越强。

在国家精准扶贫的战略背景下，决胜全面建成小康社会，脱贫攻坚取得一定成效，沂蒙山革命老区人民紧跟党的步伐，在不断弘扬和继承沂蒙精神中，用文化脱贫、扶智和扶志，通过被驻派到临沂市的第一书记在农村带领农民读书的故事，彰显了沂蒙山革命老区农民开朗、自信、文明的新时代精神风貌，体现了驻村书记敢担当勇拼搏、一切为了人民的清廉形象。

作为一部扶贫剧，《遍地书香》讲述的是扶贫的故事，沂蒙山革命老区在精准扶贫中已经逐渐摆脱了物质上的贫困，但是来扶贫的第一书记发现脱贫村里的农民在文化上依旧是贫穷的。文化的贫穷可能随时导致返贫现象的发生，要彻底解决这一问题，就必须让脱贫村的百姓有文化，让村里最贫穷的人都能通过读书成为全村最富裕的人。

《遍地书香》展示了临沂市蒙阴县的椿树沟村振兴的过程——村民们从不喜欢读书到靠读书致富。读书可以使农民学到农业知识，提高农民的整体素质和修养；可以让一个彪悍的妇女改变自身气质，甚至能在报纸上发表文章；可以让一个沉迷互联网的年轻人走上致富之路，这里的村民逐渐发生改变。村子里的读书气息把投资商吸引来了，把城里人也吸引来了，椿树沟迎来了美好的前景。这充分体现了把文化转化为生产力的力量。

第一书记入村既要落实扶贫项目，又要强化党支部建设，电视剧里的妇女主任、老支书以及一些老党员在读书活动中发挥了带头示范作用，把农村基层党组织的作用充分发挥出来。村里的党员干部和老党员始终保持着独特的思想和长远目光，是乡村振兴中的建设者，在乡村文化建设中发挥着重要作用。沂蒙山红色文化和传统文化的传承与传播也是一大主题，二者相互作用，为《遍地书香》增添了高度。一部电视剧成了乡村文化扶贫的范本，给全国各地的乡村扶贫和振兴工作带来了启示，对于建设临沂市的文化品牌，推动乡村文化建设有着重要意义。

2.《毛驴上树 2：倔驴搬家》致敬第一书记

《毛驴上树 2：倔驴搬家》是全国首部以精准扶贫为题材的网络电影，由北京市广播电视局指导，北京市广播电视局与中共临沂市委组织部共同支持，奇树有鱼、精鹰传媒、山东影视出品、新华文娱、山东煎饼、浙江黑奥等单位联合出品，著名导演殷悦执导，国家二级编剧昃文江担任编剧，国家一级演员郭达，著名主持人、演员曹颖等主演。在全面建成小康社会和决胜脱贫攻坚的时代背景下，电影《毛驴上树 2：倔驴搬家》应运而生，通过网络电影的方式响应落实党和政府的决策部署，吸引更多人关注乡村，回归乡村，为乡村振兴尽一份力。《毛驴上树 2：倔驴搬家》这部电影作品体现了新时代农村基层党员干部和群众在全面建成小康社会过程中的决心和信心，把第一书记带领村民脱贫致富的向上精神传递给更多年轻人。

第一书记是打赢脱贫攻坚战的中流砥柱，而《毛驴上树 2：倔驴搬家》的主要内容是精准脱贫工作，用以小见大的手法，通过第一书记余丹阳的视角，呈现以临沂为代表的革命老区在脱贫攻坚中取得的伟大成就。影片讲述第一书记余丹阳在神仙村开展扶贫工作期间，与赵大河、赵三喜、李有德三人之间发生的幽默诙谐的趣事。最终，余丹阳用智慧和真情感化了这三人，帮助他们顺利完成搬家，更在思想和生活上帮助他们全面脱贫，使整个神仙村走上了脱贫致富的道路。

临沂有着丰厚的历史文化资源，这为影视创作者提供了宝贵素材，激发了他们的艺术灵感。《毛驴上树》系列作品在开拍之前就进行了大量的民间采风，广泛收集乡土素材。《毛驴上树 2：倔驴搬家》在确定好“精准扶贫”的主题方向之后，制作团队又深入临沂各地进行调研，全面了解临沂扶贫措施的落实情况，并在内容中加入了年轻人的创业、老年人的晚年生活、女性的情感等较为现实的故事元素，以此增进观众的代入感。

在精准扶贫中，农村发生了翻天覆地的变化，农民也在物质上和精神上实现了双重脱贫。《毛驴上树 2：倔驴搬家》以山东临沂驻村第一书记扶贫的故事为原型进行创作，讲述了基层领导干部如何解决农村的用电难、用水难、看病难、上学难的问题，反映了奋战在一线的第一书记不忘初心、甘于奉献、勇于担当的精神，把精准脱贫攻坚战中最真实的状况演绎出来，让全国更多的人看到精准脱贫所取得的成果。

3.《沂蒙老兵》退役军人带群众脱贫致富

《沂蒙老兵》是一部歌颂退役军人，弘扬沂蒙精神，以乡村振兴为主题的电影。2020 年由山东红土地影视文化传媒有限公司、山东沂蒙红色文化产业有限公司、沂南县东辰文化传媒有限公司联合制作，在山东省退役军人事务厅、临沂市和沂南县退役军人事务局的指导下，拍摄了电影《沂蒙老兵》。沂南县拥有这部电影的自主知识产权。《沂蒙老兵》讲述了老兵李德崮在退役后回到老家担任村干部，并带领农民群众脱贫致富、走向小康的故事，集中展示了新时代沂蒙地区退役军人无私奉献、拼搏进取的精神。这部电影在放映后也激励和影响了临沂市 31 万名退役军人，使他们更好地传承军人作风、弘扬沂蒙精神，在退役后能够扎根基层，为群众事业献身，在加快沂蒙山革命老区由大变强、由美变富的转变中勇于担当、甘于奉献。

《沂蒙老兵》以小人物、大精神的艺术手法反映沂蒙老兵回到家乡扎根基层、艰苦创业的决心和动力，他们对老百姓的真心、对集体事业的责任心，源于部队的培养。作为一名军人，在战争年代他们冲在一线，在和平年代奋斗在脱贫致富的一线，虽然退伍了，但仍然在各个行业发光发热，起到模范先锋作用。

《沂蒙老兵》被山东省委宣传部列为重大题材的影片，并下发了让各部门组织观看、学习和宣传的通知。2020 年 9 月，在贵州安顺召开的全国退役军人村干部关于推进乡村振兴和决战脱贫攻坚的交流会上，放映了该影片，引起强烈反响。2020 年 10 月，该影片在第三届中国农民电影节中荣获大奖，被评为最适合农民观看的乡村题材故事片，这是农民电影节中的最高奖项。

经过长期努力奋斗，现在农村的贫困人口已经全部脱贫，贫困县也都摘帽，这是千万人经过努力迎来的重大胜利。在这个过程中有很多感人至深的故事，电影人纷纷以此为创作聚焦，扶贫题材影视剧纷纷上演，通过故事展现农村脱贫致富所取得的历史成就。在影视剧中塑造新时代的新农村面貌和新农民形象，着力塑造有毅力、有志气、投身家乡建设的农民形象，特别是在脱贫攻坚的重要时刻,能够把优秀的退伍军人纳入乡村干部中,具有重要意义,退伍军人身上所具备的不怕困难的优秀品质,可为脱贫攻坚战助力。

以扶贫为主要内容的影视剧和电视节目,对国家扶贫政策的宣传起到重要作用。在影视创作中,脱贫攻坚、精准扶贫是极具精神内涵的创作素材,影视创作要深度挖掘该题材的社会价值,通过典型人物故事再现精准扶贫的感人事迹。在精准扶贫工作中,影视化的传播可对扶贫工作和扶贫成绩进行强有力的推广,借助影视剧可以把精准扶贫的决心和精神传递到千家万户。

第三节 非遗助力 推动乡村振兴

在"十二五"规划期间,山东省确定了7 000多个省定贫困村,其中有992个在临沂市,临沂市多举措并行,深入贯彻精准扶贫政策,取得良好成绩。非物质文化遗产(以下简称"非遗")是人类文明与智慧的体现,记载着历史文明故事,临沂市拥有众多国家级和省级非遗项目,临沂市的非遗工作也一直走在乡村振兴的前沿。临沂市充分利用和挖掘当地非遗资源,全面推进文化精准扶贫,特别是积极开展各种非遗文化传承活动,根据社会的实际需求,把现代技术、设计理念与贫困地区传统的手工艺品相结合,打造具有市场竞争力的非遗产品,让非遗在精准脱贫与乡村振兴中发挥更大的作用。

首先挖掘临沂市非遗和民间工艺项目,与山东艺术学院、山东工艺美术学院等高校合作,加强非遗衍生品的研发,通过举办各类非遗项目传承培训班,扶持带动一批文化产业示范户,使非遗项目开发生产成为脱贫致富的主导产业。其次整理和挖掘临沂市的非遗产品、手工艺品制作,扶持一批文化产业示范户,选取草柳编、中国结、石雕、刺绣、剪纸、布艺、木艺、面艺、根艺、陶艺等十大非遗传承、手工艺门类,举办针对贫困户家庭成员的非遗传承、手工艺技艺培训班,帮助贫困户学会一门手艺,就地就近就业。最后推进"非遗电商"发展,鼓励支持非遗手工艺项目传承人开设电商网店,扩大产品销售范围,推动"非遗电商"。根据临沂市电子商务"百乡千村"工程,推进"非遗电商"发展,利用临沂市非遗资源的优势,帮扶26家有一定规模的非遗衍生品、手工艺电商企业,建立非遗传承实训基地,带动700多个贫困户脱贫。

一、培育乡村非遗特色品牌

山东省文化和旅游厅与临沂市有关部门积极对接配合，挖掘特色、整合资源、强化推介，使全省涌现出德州扒鸡、周村烧饼、玉堂酱菜、东阿阿胶等重点非遗品牌。临沂市也形成了一批乡村非遗产品代表，如郯城县红花镇的中国结、郯城县庙山镇薛庄村的柳编、鲁南五大调、龙灯扛阁、苍山泥塑、猴呱嗒鞭舞、柳编、草柳编、郯城木版年画等，为乡村振兴助力。

各地政府积极培育自己的乡村非遗特色产业品牌，临沭县玉山镇李庄村的莫氏绒绣制作就是非遗产业项目促进农民增收、助力乡村振兴的典型代表。莫氏绒绣是山东省第四批非遗项目，给当地群众提供了就业岗位，使当地群众有了稳定的收入，推动群众生产生活朝着小康目标迈进。为了更好地发扬与传承这一民间艺术，让非遗文化为乡村振兴助力，临沭县还专门成立了公司，创造了“公司+电商+农户”的生产模式，让村民在家里加工，由协会跑腿发放原材料、回收成品，现在临沭的绒绣已漂洋过海，远销 20 多个国家和地区，年产值过千万元，绒绣制作已经成为当地增收致富的热销产业和品牌。产业兴旺是乡村振兴的关键，通过积极培养特色产业，带动产业集聚提升，促进群众增收致富。

山东省临沂市红花镇是全国最大的中国结生产基地，一个小小的红花镇就有 2 万多人在从事中国结的加工制作工作。近几年随着电商平台的发展，目前红花镇的中国结产业形成了以公司、网络、农户为主的销售模式。中国结作为红花镇传统的民间手工艺产业，是红花镇乡村文化产业的重要组成部分，是农民增收致富的红色“纽带”。红花镇党委和政府从资金、政策和宣传等方面大力发展“中国结”手工艺品，目前全镇已形成“中国结”生产专业村 55 个，专业户 12 000 多户，共有大型中国结工艺品公司 6 家，年创产值 12 亿元，从业人员达 60 000 多人。红花镇生产的中国结在临沂市场的占有率是 100%，在浙江的市场占有率在 90%以上，在全国市场的占有率在 80%以上。

传统的美术、手工艺、民间习俗、舞蹈、音乐等各大门类中的非遗都在发展的过程中面临较多生存困境，而红花镇中国结成规模生产的历史却较为短暂，在较短的时间内解决自身发展问题的同时，开始从过去的家庭作坊式生产发展成为中国结产业园。红花镇依托临沂市小商品贸易市场使中国结不仅在国内畅销,还远销美国、日本、韩国等国家,市场占有率在70%以上。

2007年至今,当地政府加大对红花镇中国结的宣传报道力度。中央电视台《焦点访谈》节目的专题报道、山东电视国际频道拍摄的中国结专题片以及各大网站的新闻报道，对山东省红花镇的中国结民间艺术进行了很好的宣传推广，使红花镇的中国结品牌逐渐建立。

平邑县铜石镇高庄村的传统非遗“刘氏翻花”,入选市级非遗名录,也是乡村非遗品牌的代表之一。从2016年开始,平邑县就将铜石镇高庄村“刘氏翻花”列为非遗手工艺助力扶贫的重要内容,并成立实训基地进行手工艺推广,已连续举办5期传统工艺加工制作技术培训班。通过培训,农民掌握了翻花的制作技能,实现了利用手艺增收致富。

为深入贯彻国家关于精准扶贫和乡村振兴的决策部署,使非遗成为社会经济发展的亮点和重要支撑,临沂市文化和旅游局在2020年制定评选办法,评选出27个典型村(居),具体名单见表5-1,旨在保护和传承非遗形式,推动农村非遗产品走进城市,让非遗成为脱贫攻坚的重要力量,为乡村振兴提供内在动力,为建设美丽临沂贡献力量。

表5-1　2020年临沂市“非遗助力脱贫、推动乡村振兴”典型村(居)名单

费县朱田镇崔家沟社区	平邑县仲村镇原宪屯村
莒南县板泉镇东高榆村	平邑县保太镇后南埠崖村
莒南县大店镇薛家窑村	平邑县铜石镇高庄村
郯城县庙山镇乐泉村	沂南县青驼镇徐公店村
临沭县青云镇白旄西居	沂南县马牧池乡新立村
沂水县龙家圈街道小匡庄村	沂水县沂城街道西朱家庄社区
河东区汤河镇禹屋社区	沂水县高桥镇沭水南岭村
沂水县杨庄镇吴家楼子村	罗庄区黄山镇文曲山社区
郯城县胜利镇高大村	兰陵县向城镇陈桥村
沂南县马牧池乡双泉村	蒙阴县常路镇大张台村
兰陵县向城镇小郭东村	兰山区银雀山街道陆王庄村
郯城县红花镇院北村	罗庄区褚墩镇廖屋村
沂水县院东头镇留虎峪村	沂水县马站镇杨家城子村
高新区马厂湖镇前店子村	

乡村非遗产品和品牌建立后，在政府的支持下不断拓展海外市场，通过出口创收，如依托柳编项目的临沭晴朗工艺品有限公司生产的柳编远销美国、日本、韩国等30多个国家和地区，柳编出口创汇1 000多万美元，占全省出口总额的48%，占全国出口总额的26%。

二、拓展乡村非遗+新型业态

山东省各地非遗传承人都在积极开展“互联网+非遗扶贫”研究，使非遗项目成为创新工场、智慧小企业、创客空间等创业的优质资源和重点对象。非遗文化传承要在融合当地文化的基础上，探索乡村非遗文化新业态。

1. 非遗+民宿

“非遗+民宿”即乡村之景与非遗之美相融共生。平邑县池家寨村的富泉山居是临沂市的一家五星级民宿，利用池家寨村原有的宅基地进行改造，在保留古村落原貌的同时设计出34间客房以及公共服务区，将传统和现代巧妙融合，把乡村的山水风光与古村的非遗文化结合，使来到这里的游客可以亲身体验传统非遗手工艺的制作过程。

在发展民宿之前，池家寨村是山东省重点扶贫村，这里土壤贫瘠，交通闭塞，农民的收入主要依靠种植板栗、核桃及花椒，收入较低，生活十分贫困。在发展民宿项目后，农民收入不断增加，曾经的贫困村发生了巨大的变化，在富泉山居和沂蒙山舍两处民宿的周围，有50多家传统手工艺品制作、农产品定制、特色餐饮等店铺。村民把手工制作的一些藤编工艺品放在民宿里销售，通过精准扶贫与乡村旅游的有效结合，该村53户建档立卡的贫困户都已全部脱贫。未来该村将在现有资源的基础上，充分挖掘本地非遗文化特色，彰显传统文化主题，打造独具沂蒙特色的非遗民宿品牌。

2. 非遗+旅游

临沂市发展“非遗+旅游”新业态，为大力弘扬沂蒙传统文化，进一步促进文旅融合，将更多丰富的文化要素转化为旅游产品，形成“旅游+非遗”的新业态，全力助推萤火虫水洞·地下大峡谷5A级旅游景区的创建工作，2020年临沂市非遗进景区之萤火虫景区启动仪式拉开帷幕，以非遗保护、传承展示与体验为主要内涵的非遗旅游业蓬勃发展。这是文旅融合的一种重要表现形式，也是促进以非遗为代表的优秀传统文化创造性转化和创新性发展的重要举措。此活动充分结合临沂市非遗特色资源以及萤火虫、蝴蝶等自然资源形成以展示、游览、购物为一体的旅游服务体系,并以群众喜闻乐见的形式将非遗融入游客体验当中,让游客在游山玩水的同时体验文化的魅力,提升景区内涵,丰富旅游特色内容,对萤火虫水洞·地下大峡谷5A级旅游景区的创建工作发挥了重大推动作用。

深入挖掘贫困村的非遗文化旅游资源,积极推广“展馆+产业园+培训基地+贫困户”的模式,蒙阴县在旅游特色村和扶贫村规划建设民俗馆和村史馆;河东区紧紧围绕文墨、陶笛、彩印花布、糖画等传统工艺,以文化扶贫为导向,以非遗传承的转化作为平台,积极探索“贫困户+基地+企业”的模式,带动当地贫困户增收致富、居家就业。沂水县在推动旅游产业和文化转换中,把非遗与旅游创新性结合,在陈列馆、民俗馆中以实物和图文的方式介绍当地各种非遗文化的历史、保护状态等,并在旅游景区为游客提供与历史相关的场景,借用影视、动漫等形式将传统民间文学、舞蹈、民俗、音乐等进行演绎,利用研学和旅游商品等形式使手工艺制作类项目入驻旅游景区。当地文化和旅游局引导高桥手绣创新形式,制作手提包、摆件、车饰、壁画等进行销售;在天上王城旅游景区,让民间曲艺进入景区,挖掘地方史料、民间音乐和传说,并进行实景演绎。当地非遗文化、民族节庆、旅游体验等拉动了当地乡村旅游产业的发展,为实现乡村振兴提供重要抓手。

山东省临沂市红花镇瞄准“文化+旅游”这一细分市场,结合当地地缘优势,着力打造文化主题的旅游活动。通过定期举办中国结手工艺品编织技能大赛、民俗文化旅游节、商务洽谈会、学术艺术交流会、中国结新产品展示会,以及自身宣传窗口的报道和吸引众多新闻媒体报道双重结合的方式提高红花镇中国结手工艺品的知名度,着力打造中国结这一地方特色民间传统文化产业发展。

红花镇通过打造中国结特色小镇,以文化产业助推旅游发展,以旅游带动当地居民致富,并赋予旅游独特的人文魅力。目前红花镇发展竹柳、红枫等高端苗木基地,将乡村振兴与旅游开发深度融合,在倾力打造大尚庄国际四季慢城特色旅游一条街的基础上,相继启动了水上游乐园、望海楼极地滑雪、高山滑索、迷宫等10多个旅游开发项目,既能够带动农民增收致富,又能吸引游客前来观光旅游。该镇还在文化旅游的过程中,一方面宣扬沂蒙山革命老区的红色文化,另一方面促进中国结手工艺品的消费,带动村民致富。旅游消费的现场体验既可以增强中国结文化的传播,有更强的真实感和趣味性,又能够提高当地百姓以及外来游客对文化的接受度和认可度，从而有助于树立山东省红花镇文化自信。

3. 非遗+电商

着力推动“非遗+”新业态、新理念与传统民间文化产业融合发展，山东省红花镇鼓励当地百姓发展中国结手工艺产业，把发展中国结产业作为践行科学发展观，打造文化产业大餐，拓宽农村剩余劳动力就业渠道，促进农业增效、农民增收的重要措施来抓，坚持以政策激励为出发点，以优质服务为保障点，实施政策牵动、市场拉动、服务促动、典型带动战略，有力地促进了全镇以中国结编织为主的传统手工艺产业化的快速发展。同时红花镇借助招商引资和项目建设蓬勃发展的优势，在政策、资金、产品销路等方面提供全方位引导扶持，使得中国结既成为红花镇老百姓增收致富的主导产业，又成为助推红花镇文化产业发展的“链接”。

依托电商的发展，解决了山东省红花镇中国结基于传统的批发淡季时需求量低的问题；电商成为红花镇中国结销售的主要方式，红花镇目前共有电商240余家，其中80%以经营中国结为主，20%分散经营农产品、化妆品、汽车饰品等，销售额50万以上的电商达28家。临沂巧艺商贸有限公司是全国最大的中国结电商销售企业，旗下现有“福源祥”“聚宝”“家和福顺”三大品牌，在天猫、京东、阿里巴巴共开设9家运营店，年销售额1 500万元以上。电商的发展还使得红花镇中国结产品从传统意义上的手工艺品发展为创新型艺术品。

红花镇积极探索“电商+中国结+贫困户”精准扶贫模式，帮助贫困户脱贫致富。市场意识的增强需要提高农民的综合素质，加大农村信息资源和网络建设，解放农民思想，增强传统手工艺产业发展的渗透能力，切实解决农村手工艺产业发展中遇到的问题。通过开展农村劳动力职业技术培训，促进传统民间文化的传承；通过培养农民的市场意识、竞争意识、价值观念、法律意识，不断提高农民的受教育水平，提升农民的综合素质，激发农民的创造力，促进乡村文化产业的积极发展。以中国结编制的手工文化产业为例，手工艺制作具有重经验、重体悟、重情感、重灵性的特征，较适合个体间的传承方式。红花镇充分尊重手工艺传承的具体特性，结合当前生产实际，继续发挥家庭和作坊传承的优势。

三、培养乡村非遗脱贫领军人

目前临沂市有国家级非遗代表性传承人2人，省级非遗代表性传承人22

人，市级非遗代表性传承人 80 人，县级非遗代表性传承人 275 人。在非遗助力乡村振兴中，临沂市培养了一大批乡村非遗领军人，搭建非遗保护和利用的平台，积极推动非遗传承人“传艺收徒”。费县主要从事手绣项目的非遗传承人卞成飞依托手绣成立了专门的精准扶贫培训基地，用“培训+传承”的方式，对贫困户进行上门培训、送货上门、日结工资，提供灵活且相对固定的就业方式，带动了 500 多名残疾人和妇女实现脱贫，成绩斐然。该基地被评为全国就业扶贫基地，并让费县的手绣走向世界。

为了能够更好地传承手绣技艺，卞成飞走访当地做手绣的老人，向她们学习费县手绣中一些古老的技法，同时也吸引了很多学员加入手绣技艺的传承与传播中。在卞成飞的带动带领下，费县手绣已逐渐成为助农增收的重要抓手，在崔家沟社区建扶贫车间、九间棚和天蒙旅游区等都有加工点，通过手绣使当地农户增加了收入，提高了生活质量，在手绣车间工作的 86 户贫困户已全部脱贫。2020 年受新冠肺炎疫情的影响，手绣品订单减少，卞成飞积极探索线上市场，通过快手平台推出系列短视频，介绍费县手绣的制作技法、制作过程、手绣历史，视频的播放量和点击率过万，并通过线上进行销售。在此期间，卞成飞参加了山东首届非物质文化遗产购物节，通过消费券、政府补贴等方式，提高了手绣的销量。

手绣产品不仅在全国各地销售，还向俄罗斯、澳大利亚、巴西、加拿大、新加坡等十几个国家出口，卞成飞每年都会参加中韩文化节，和韩国民众共同探讨手绣技艺文化。在新冠肺炎疫情防控期间卞成飞通过制作视频与韩国首尔文化院进行线上沟通，视频在韩国有 60 多万的播放量，通过线上渠道把临沂费县本土的手绣技艺和文化传播到世界各地。未来，应进一步深入挖掘这些传统非遗的当代价值，让非遗文化更好地融入现代乡村生活。

临沂市文化广电新闻出版局根据实际工作需求，大力实施文化扶贫，聘请具有知名度的手工艺人和非遗传承人作为扶贫工艺指导，通过举办讲座、培训班等形式，收徒传艺，助力文化扶贫，取得了显著效果。

第六章

沂蒙精神在乡村生态文明建设中的传承

实现乡村振兴,生态文明建设是关键。临沂市围绕乡村振兴打造齐鲁样板沂蒙高地,大力实施乡村生态振兴,扎实做好“除脏治乱”“减量增效”“造绿添彩”三篇文章,努力把“时间表”变成“施工表”,把“路线图”变成“竣工图”。通过生态振兴,创新发展思路,探索将绿水青山转化为金山银山的具体路径,实现农业强、农村美、农民富的乡村振兴目标。

第一节 “绿满沂蒙”生态临沂

2019 年起,“绿色发展”成为临沂市经济社会发展的理念。临沂市以森林质量精准提升、森林资源保护、国土绿化、产业富民增收、木业转型升级“五大工程”为抓手,打响了其作为“国家森林城市”的品牌之路,为了加大乡村生态建设保护力度,扎实做好“造绿添彩”工作,开启了绿色发展的新征程。

一是推进“绿满沂蒙”行动,通过多种方式增加绿量,构筑绿色生态保障,为建设大美新临沂提供强有力的生态支撑。截至 2020 年已完成造林面积 11.91 万亩,新建和完善农田林网 8 300 亩,新建和提升绿色通道长度 214.7 千米,栽植树木 1288 万株,持续推进宜林荒山造林绿化和退化林修复;计划完成新的造林面积 13.3 万亩,林地面积 580 亩,森林覆盖率达 22.9%,林业总产值实现 150 亿元。扎实推进乡村绿化工作,提升森林质量、开垦绿化荒山等工作,创建了 4 个省级森林乡镇、45 个省级森林村庄,20 个市级森林乡镇和 200 个市级森林村庄,扎实推动绿化工作开展,全面实施乡村绿化和美化工程,持续开展森林乡镇和森林村庄创建活动,提升森林覆盖率和乡村绿化水平。

二是抓重点生态工程建设,包括森林生态修复、荒山绿化彩化、退耕还林还果等重点工程。首先,抓好长深、京沪高速,鲁南高铁等公路铁路两侧的宜林荒山开垦,提升道路两侧可视范围内的绿化质量,并完成 300 千米的绿色通道建设。其次,推进蒙阴、费县、沂南、沂水、平邑等重点县区完成荒山绿化和美化,对国有林场采用培育、改造、更新等方式,提升森林质量工程,实现森林的可持续发展。以河东、罗庄、兰山、临沭、郯城等地区为重点新建农田林网,在科学规划下提升质量工程,提高生态效益,增加农民收入。

临沂市创新性地推出“互联网+义务植树”的新模式,积极开展义务植树,通过二维码为每一棵树建档,扫描二维码可查询树的简介、历史,并把育苗、整地、栽种和管理融入植树中,同时组织市领导到各自的责任区参加植树活动,这一创新形式掀起了植树造林热潮。

三是抓小流域治理和农村饮用水水源保护工程。强化小流域水土流失综合治理,做好国家水土保持重点工程治理,完成水土流失治理面积 96 平方千米,继续推进河长制、湖长制管理。实施城乡供水水质提升工程,把省级贫困村的饮用水作为环保扶贫的工作重点,开展饮用水水源保护及重点饮用水源地监测。

四是抓重大生态工程建设。以蒙阴县列入国家“绿水青山就是金山银山”实践创新基地为契机,以蒙阴县为主体,连同沂南县、平邑县、费县等环蒙山周边区域,加强资源整合,强化共建共享,努力实现联动发展、协同发展,共同打造环蒙山生态示范区。临沭县农村厕所粪污无害化处理与资源化利用模式,作为国家三部委联合推介的九种典型模式之一,面向全国推广。

第二节　乡村绿化 改善农村人居环境

改善农村人居环境是党中央的重大决策部署,是百姓安居乐业的保障,也是乡村振兴的重要任务,要着重解决乡村治理中的难题,有关部门应找到农村人居环境中存在的迫切问题,按照时间节点,实施强有力的措施,增强农民的幸福感、获得感和安全感。

一、推进农村人居环境整治

在山东省的统一部署下,到 2019 年底村庄的分类要基本完成,2020 年要基本完成县级层面村庄布局,按照《全市乡村振兴战略规划纲要(2018—2022年)》,临沂市的村庄在总体上分为四种类型:特色保护、城郊融合、搬迁撤并、集聚提升,按照从下而上、分级负责的思路做好村庄的各项分类工作。农村人居环境的整治,是乡村振兴中的一场硬仗,也是 2020 年需要完成的重要任务,各级各部门要把推进农村人居环境整治作为重点工作,全面改善农村人居环境。综合治理农村存在的突出环境问题,深入整治农村人居环境,完善农村生活设施,打造农民安居乐业的美丽家园。

1. 完善基础设施

一是统筹山水林田湖草保护建设。加强农村资源环境保护，建立健全符合乡村实际、方式多样的生活垃圾收运处置体系，扎实推进农村污水处理、生活垃圾处理、饮用水卫生、畜禽粪便综合利用等农村环境综合整治。将农村道路硬化、农村饮水安全、农村清洁取暖、城乡绿化、农村改厕等纳入擂台赛，坚持每月亮分数、季度抢红旗、半年一总结、全年列榜单，加快补齐农村基础设施的短板。2020 年，临沂市已完成2 208 个村的道路硬化、1 533 个村的农村饮水安全建设任务，开工建设农村中小学 32 所、幼儿园 82 所。二是开展人居环境整治擂台赛。突出抓好"三清四整"，加快推动村容村貌改善，组织开展村庄清洁集中行动，各县区委书记亲自带头帮包村庄，临沭、兰陵、平邑的做法被全国农村人居整治办公室作为典型推广。2020 年组织集中检查 6 次，检查村庄3 365 个。

2. 推进农村生活污水治理

对农村地区生活污水的治理，是改善农村生态环境、提高农民生态幸福感的重要举措，更是非常重要的民生工程和生态工程，要全面掌握农村生活污水的治理情况，一是要摸清村庄的实际情况，并且要覆盖每一个村子，并对生活污水问题展开全面调查。二是对生活污水问题进行深入分析，市里要根据调查结果制定相关对策，把本地区的情况以调查报告的形式向省里汇报，为制定更加详细的治理方案奠定基础。三是，遴选适合农村的污水治理技术，并制定本地区农村生活污水的具体实施方案，明确时间节点，保障组织到位，按期按质完成农村生活污水问题的治理。

临沂市创新污水治理模式，加强农村污水处理设施的建设，因地制宜地采用污染治理与资源利用相结合、生态措施与工程措施相结合、集中与分散相结合的建设模式和处理工艺，累计完成生活污水治理的行政村达 781 个，占比 21.01%；累计新验收的行政村达 468 个，占比 12.59%。

3. 抓好生活垃圾处理

以治理环境为抓手，改善农村整体面貌。目前，中节能(临沂)环保能源有限公司第二垃圾焚烧发电项目、平邑县垃圾焚烧发电项目、蒙阴县垃圾焚烧发电项目已建成；同时，不断加大城乡环卫一体化保洁投入力度，印发实施《2020 年度城乡环卫一体化考核办法》。农村生活垃圾的治理是长期工程,无论保洁的薪资报酬还是设施的运营,都需要建立长效管理机制,一方面要加大财政的支持,另一方面要不断探索环境和卫生的整治方式,构建政府、市场和社会多元化投入机制,解决资金投入与需求间的矛盾。建设农村垃圾回收站,特别是现代化的垃圾焚烧处理设施,完善垃圾处理设施的日常维护,日运、日清、日处理,保证农村垃圾中转站、垃圾收集点能够正常运转,改善了农村脏乱差问题,乡村环境治理成效明显。以农村社区为依托,完善配套基础设施,强化护水治污,让农民吃上安全水、干净水,推进暖气上楼,暖气入户,环卫保洁物业化、市场化。在全面实施乡村振兴的战略下,必须解决乡村生活垃圾问题、乡村卫生环境治理问题,建设空气常新、绿水长流、青山常在的美丽乡村。

蒙阴县垛庄镇在全镇开展以"村村干净、户户卫生"为主题的农村人居环境整治工作,以水域、路域、庭院内外、田园等为重点区域,对村庄的大街小巷、主次干道、房屋前后、公共区域等重点区域的生活污水、生活垃圾等进行清理整治,全镇每天有 2 000 多名村民、300 多台清理设备上阵工作,形成了党员、群众人人参与的氛围。平邑县按照人居环境整治的工作部署,全域推进、全民动员,在全县的村庄开展环境整治行动,用美丽清洁的乡村环境迎接全面小康社会的建设。

4. 推进"厕所革命"

"小厕所"关系着大民生,厕所的状况是农村文明程度的重要体现,改善厕所设施、养成文明的如厕习惯、形成健康的厕所文化是家庭和个人的私事,更是民族和国家的大事。临沂市为推动"厕所革命",从财政层面积极支持农村厕所粪污的收集、运输、储存、利用,使厕所粪污能够得到资源化利用和科学处理,使农村人居环境得到切实改善。以行政村为单位进行奖补,整村推进规划设计,从整体上组织发动,对村庄同步施行户厕改造,建设公共配套设施,健全后期维护管理机制,对具备条件的村庄逐步覆盖,使农村厕所问题得到持续稳定的解决。在厕所改革中要充分发挥农民作为受益者、建设者和参与者的主体作用。政府是政策、资金和规划的引领者,引导农民、村组织和社会共同参与。目前临沂市对 300 户以上的自然村建公厕的情况进行了摸底,已完成新建公厕 1 308 座,进一步完善了农村改厕规范升级和后续管护长效机制。

厕所改革的重点工作之一是让每个村庄都建立公厕,在遵循村庄整体规划的前提下科学选址,按照方便、卫生、安全、文明、环保、节能的原则,建造村庄的公共厕所,既要考虑公厕的外观与村庄的整体风貌的协调性,又要考虑厕所粪污的处理和利用。公厕要由具有资质的施工单位承担建设,确保质量达标,健全公厕的日常管理机制,长期设立公厕保洁员,将公厕的管理与日常清洁处理相结合,保障农村公厕的卫生环境。

在“厕所改革”中临沭县不断创新思路,大力推进厕所无害化改造工作,全县改造了 82 860 户农村厕所,“厕所改革”的覆盖率达到 93.69%,并且建立了改厕后的数字化监管系统,对农村厕所的监管实现了智能化、平台化和产业化,将全县的农村厕所所在位置、户主信息、类型等全部录入平台,建立数据库,形成从县级到镇级以及农户的四级监管体系。在线下请专门的管护公司管理,将线下和线上相结合,高效运转。

5. 推进农村公路建设、村内道路硬化

截至 2019 年底,临沂市的农村公路总里程在山东省居第一位,达到 27 238 千米,行政村 100%通硬化路,具备条件的行政村 100%通客车。为全面落实山东省政府关于农村道路硬化的工作部署,临沂市印发了《临沂市农村公路“三年集中攻坚”专项行动实施方案》,方案中明确了 2018 年到 2020 年的工作任务,投资金额约 60 亿元,在农村实施公路提档升级、村庄通硬化路,对路面进行改善,对主要道路上的危桥进行改造,并建设农村客车候车站点。2020 年临沂市已完成路网提档升级和自然村通达工程 2 114.4 千米、路面状况改善大中修 2 187.8 千米、危桥改造 116 座、候车客运站点建设 133 个以及 2 000 个村通户道路硬化。

在建设农村道路方面,聘请专家对全市的农村道路网进行科学规划,同时加大资金投入,为农村村内道路建设提供资金保障,在农村道路建设与硬化上注意提升建设的品质,除了完成道路硬化建设还要提升道路的美化绿化程度。道路建设之后要进行管护,各级政府要制定农村道路的管护办法和考核机制,农村的道路不仅要建成更要提高养护率,采用市场化管护与村民自我管护相结合的长效机制。在农村道路建设后要推进城乡公交一体化,进而促进农产品的销售,并且带动乡村旅游的发展,通过农村公路+客运+物流+旅游+扶贫的方式,使村庄与外界互连互通。村内道路的硬化、公交线路的开通,既改善了农村的人居环境,又为乡村振兴奠定了交通基础。

6. 推进农村清洁取暖

临沂市发布了《临沂市冬季清洁取暖的专项规划(2018—2022)》,2020年农村地区的清洁取暖率达到50%,2022年将达到70%,按照分散与集中相结合的原则,宜电则电,宜气则气,分类推进城市、城乡结合和农村的清洁取暖,推进城市集中供热管网向村镇延伸,城市周边村镇优先接入城市集中供热管网供暖,有条件的区域开展"煤改气"工程,实现天然气供暖,积极推广电供暖。2020年已完成83 186户清洁取暖任务。

在乡村振兴战略下,充分发挥临沂作为农业大市的优势,利用农村地区的资源,采用合理的取暖技术改善农村地区较为分散的取暖现状,鼓励以乡镇为单位建立供热点,以便更好地推进美丽乡村建设。

7. 推进农村电网改造升级

临沂市把加快农村电网改造升级放在农村人居环境整治的重要位置,乡村振兴,电力先行,各区县和镇要充分发挥人力、资源和技术优势,因地制宜地进行电网改造。2020年完成新建改造10千伏线路750千米、400伏线路598千米,安装配电变压器726台、容量212兆伏安,打通电网服务人民生活的最后一千米。

电网改造升级要根据每个村的具体情况进行。莒南县板泉镇的杨家湖村,因地势原因,种植灌溉一直是难题,针对该村的问题临沂大力推进机井通电惠民工程,完成配套电网的建设,解决了杨家湖村及其他类似农村存在的问题,实现了用电灌溉、用电种植,为沂蒙山革命老区实现乡村振兴提供了可靠的电力保障。

二、农村村容村貌的整治

科学合理地安排农村的绿化用地,一是鼓励开垦农村的"四荒"地,对宜林的荒滩、荒沟、荒废、荒丘等进行开垦绿化。二是绿化农村的"四旁"地,对农村的村旁地、路旁地、住宅旁地、水旁地等进行绿化。三是鼓励综合整治农村的土地,将废弃闲置的土地进行合理利用,增加绿化用地。四是建设高标准的农田、农田防护林,对退化的草地和林地也要进行绿化。

保护好绿水青山和清新、清洁的田园风光,实现产业生态化和生态产业化。绿水青山既是生态资源,又是经济资源,要拓展乡村生态产业发展空间。保留住独特的乡土味道和乡村风貌,深入挖掘古村落中的历史遗迹、文化风俗、民间习俗等乡土文化资源。通过优化设计，将自然景观优势转化为旅游观光产业，将农业与乡村旅游、加工工业、文化体育、健康养生等产业深度融合，着力打造富有活力的健康养生旅游特色乡村，因地制宜地发展旅游观光型与休闲体验型的生态农业。

农村更要注重自然生态建设。在农村深入开展基础设施的提升和人居环境整治行动，强化生态治理，打好污染防治攻坚战，推进大气、水体、土壤污染三大治理，持续改善宜居环境。

临沂市兰山区借助文明城市创建，在推动乡村人居环境改善和美丽乡村建设中成为典范。兰山区以“两城同创”为抓手，深入开展美丽兰山建设，加快文明城镇、卫生城镇、美丽乡村创建，提升农村人居环境，目前已实现文明乡镇、卫生乡镇全覆盖。扎实开展镇驻地环境综合整治，7 个镇驻地环境“四乱”问题得到有效解决，城镇管理长效机制基本建立。实施村庄环境全域化整治，组织开展了以清“五堆”、治“四乱”、除“三污”为主要内容的美丽兰山建设清洁行动，探索建立了城乡环卫“四个两”工作机制，村庄环境的“脏乱差”问题从根本上得以解决。目前，兰山区已创建省级美丽乡村示范村 8 个，市级美丽乡村示范村 10 个，市级美丽乡村示范片区 3 个。深入开展乡风文明活动，推进移风易俗，提倡喜事新办、丧事简办。实施“美在农家”“一花一树富美庭院”示范户和文明村创建活动，创建市级以上文明示范村 16 个，村民素质和农村文明程度得到全面提升。

第三节　乡村文明建设引领新风向

临沂市自古以来重孝重义，民风淳朴，但是随着社会经济的快速发展，人民的生活条件得到改善，出现了一些不良的乡村陋习，严重影响了人民的幸福感。为改变这些不良习俗，临沂市把美丽乡村建设和精准扶贫相结合，实施移风易俗深化工程，清新乡风民风。坚持从减负入手、公墓切入，坚持边破边立、久久为功，推动乡风民风美起来。移风易俗工作群众满意度稳居全省前列，特别是发端于沂水县的惠民礼葬改革，走在了全国前列。文明的乡风是实现农村精神文明建设和乡村振兴的重要内容之一，也是农民内心所期盼和向往的，沂蒙山革命老区民风淳朴、山川秀美，在文明乡风建设上有得天独厚的条件。

一、厚养礼葬树新风

临沂市从饱受诟病的红白事负担重入手,在成立红白理事会、移风易俗纳入村规民约、红白理事会培训“三个全覆盖”的基础上,遏制婚丧嫁娶大操大办,提升婚丧仪式办理水平,丧事办理费用平均下降2万元。临沂市在全国婚丧礼俗改革工作座谈会上做了典型发言;以公墓建设为杠杆,在各方面提升殡葬丧仪的基本公共服务水平,农村公益性公墓预计实现全覆盖。

临沂市在各行政村成立红白理事会,市里出台与红白理事会相关的规定,通过红白理事会协助村民文明举办丧葬活动,推行在丧葬活动中播放哀乐、鞠躬默哀、代黑纱白花等,合理压缩丧葬仪式的时间,简化程序,并控制丧葬规模。各行政村吸纳老干部、老教授和老党员加入红白理事会,让他们按照规定的流程、仪式和标准帮助村民合理操办红白事,树立文明新风尚。村组织加强对丧葬活动的管理,禁止出现办理丧事活动危害公共安全和污染环境等行为,让丧事简办的文明风尚深入人心。

2017年5月临沂市沂水县实施了以“厚养礼葬”为核心的殡葬改革,在全国率先实施了以“全免费”为核心的殡葬改革,有沂水户籍并在当地去世的居民,在其殡葬过程中的遗体运输费、骨灰盒费、火葬费等全部由当地财政承担,并免费把逝者安葬在公益性墓地,使逝者家庭享受到“殡葬全免费”政策,进公墓率达100%,节地率达90%以上。这一改革减轻了当地群众的负担,可为贫困户减负2万~3万元,并减少了贫困户在人情开支方面的支出,使厚养礼葬成为移风易俗的新风尚。沂水县这一殡葬改革提升了乡村治理的水平,入选全国乡村治理典型案例和殡葬综合改革试点优秀案例,该殡葬改革经验被列入省20项民生实事。自2017年改革以来,到沂水县进行参观学习的县级以上单位多达170多家,涉及天津、北京、江苏、吉林、湖北等21个省、直辖市。

临沂市在总结沂水县殡葬改革经验的基础上,在全市范围推广沂水县经验,加快殡葬改革步伐。公益性公墓是殡葬改革的保障和抓手,以群众的实际需求为导向,倾听群众的意见,建好公益性公墓,做好顶层设计,科学规划,坚持陵园就是园林,公墓就是公园的原则,宜墓则墓,出现了河东的林下公墓模式、平邑的骨灰堂模式,扎实推进草葬、花葬、树葬等生态葬法。目前全市各县区范围内均已覆盖公益性公墓,已经建成公益性公墓722处。新建公墓将节约用地与绿色生态融为一体,体现了美丽乡村建设的理念,并且各区县进一步加强对公益性公墓的管理,建设相关的配套设施,通过建档立卡、网上登记等方式,提高公墓的管理水平,实现殡葬管理信息化、长效化和规范化。社会主义新农村迫切需要改变不良传统习俗,为农民塑造一种文明健康的生活方式。

二、推进婚俗改革

农村的"移风易俗"问题在《中共中央 国务院关于坚持农业农村优先发展做好"三农"工作的若干意见》中首次被聚焦,要求对天价彩礼、婚丧陋习等不良风气进行治理,这一问题开始受到广泛关注。民政部2020年印发的《关于开展婚俗改革试点工作的指导意见》中指出,要为婚姻家庭提供辅导服务,整治铺张浪费、天价彩礼、随礼攀比、低俗婚闹等不正之风。

临沂市实施婚俗改革,倡导"喜事新办",参与集体婚礼、文化婚礼和民俗婚礼的达到55%以上。临沂在全省率先召开婚俗改革现场推进会,总结推广沂水县马站镇成立喜事商家联盟,实现了新婚家庭满意购物、少花钱、得实惠,会员商家扩大营业额、打响品牌、赢得声誉,镇党委政府推行喜事新办、宣传移风易俗的"三方共赢"局面,努力在构建简约适度的婚俗礼仪、传递健康的婚姻价值观、传承良好家风家教、培育文明向上的婚俗文化上取得新突破。

在喜事标准的制定上,充分倾听群众的意见,走群众路线,明确规定喜事的待客范围、操办时限、礼金数额、宴席价位等标准,并将其纳入村规民约,教育、引导农民遵守。沂水县党员干部发挥带头作用,严格按照规定落实"喜宴不超10桌,彩礼不超1万,婚车不超6辆",并自觉接受群众和组织监督,带头倡导节俭、文明的社会风尚。

三、强化典型示范

大力弘扬优秀文化,在乡村建好并用好新时代文明实践中心,持续开展文明村镇创建,深入宣传道德模范、身边好人的典型事迹。在转变农村生活方式的同时做好以下几个方面。

一是抓住关键性群体,在沂蒙地区农村进行精神文明建设要抓住妇女这一关键性群体,针对她们开展"新农村和新生活"主题培训。在村中评选"好媳妇""好婆婆""好家长""好邻居"以及"五好文明家庭"等,每年都开展文明家庭系列评选活动，用身边的先进典型带动村里的其他妇女，传统美德精神的传承从妇女开始。临沂市妇联也推出各种和建设家庭美德相关的活动，通过传统媒体、网络新媒体等途径，推送敬老、爱老典型模范，开展关爱孤儿生活等爱心奉献活动。在兰山、临沭、莒南等县区的农村，在村庄道路两边的墙上以喷绘等形式宣传孝敬老人的精神，村民经过即可见，在潜移默化中提高农村的精神文明建设。

二是把农民的关注点从红白事的大操大办转到关爱老人上。养老的关键是生前尽孝，倡导厚养之风。费县、莒南、沂南等县在推进移风易俗工作中，制定了孝敬老人的补贴金办法，在农村设孝心基金。大力支持符合条件的农村建设养老幸福院，为老人提供生活住所和日常照料、精神慰藉、休闲娱乐等服务，实现真正的“厚养”。通过社会捐助、政府引导，让家庭和子女能够自觉关爱老人，履行赡养老人的义务，最终形成孝敬老人的新风气，更好地推进移风易俗。在党的引领下开展关爱老人的志愿服务行动。沂水县以村“两委”干部、党员、结亲连心机关干部为主体的 13 426 名志愿服务队队员，每周深入 6 051 户 7 068 名农村“三无”老人、重度残疾人及留守老人家中开展志愿服务。

三是强化典型示范。临沂市充分发挥孝文化的优势，破解农村的养老难题，在全省率先推广政府履责、社会分责、集体分担、子女尽责的养老新模式，目前临沂市的行政村普遍成立了孝老敬老理事会，子女缴纳孝心款，村里按照缴纳数量给予 10%~20%的补贴，确保老年人年收入不低于 1 200 元，并全面覆盖 70 岁以上的贫困老年人。沂南县的孝心基金和家庭养老的典型做法分别在山东电视台和中央电视台等媒体播出，2019 年作为典型案例印发，并在山东省乡村振兴脱贫攻坚现场会议中受到主要领导的肯定。

扎实开展“我推荐我评议身边好人”和道德模范评选表彰活动，聚焦优秀基层党员干部、公益慈善人士、乡村致富带头人等，评选先进典型，推广创业好故事。临沂市累计推出省级以上好人 400 多名，省级道德模范（含提名）38 名，在全社会营造了向上向善的良好氛围。让这些创业代表、道德模范返乡为村民开展讲座，助力乡村振兴。

四、培育乡风文明

乡风文明是乡村振兴的保障，在农村要坚持精神文明和物质文明一起抓，改善农民的精神面貌，培育淳朴民风、良好家风和文明乡风，提高农村的文明程度。乡村文化的繁荣兴盛对移风易俗活动的开展有着较为重要的意义，乡村文化建设在乡村振兴中不容忽视。

加强农村精神文明建设，保护乡村优秀传统文化，在学习吸取外来文化和城市文明优秀成果的基础上，根据自身传统文化进行创新性发展和创造性转化，不断丰富乡村文化的表现形式。首先，要保护好农村农耕文化，深入挖掘农耕文化中蕴含的优秀思想，合理利用农耕文化中的优秀遗产，在乡村文化的传承中需要高度重视农村独特的历史印迹，保护好农业遗迹、传统建筑、灌溉工程遗迹、村寨、村落、文物古迹等，充分挖掘农村独特的文化底蕴，并赋予其时代内涵，发挥其在化民风、教民行、聚民心等方面的作用。收集整理村中世代传承的良好乡规民约、家风族训、孝道文化等，引导村民与人为善、孝敬老人、诚实守信，树立典型，使广大村民形成正确的荣辱观和价值观，培育淳朴民风、良好家风和文明乡风。

在农村开展文化娱乐活动，丰富百姓的业余生活，提高农民群众的文化品位，让农民不出村就可以参与并感受文化盛宴。开展文化下乡，深入推进文化惠民工程，大力弘扬社会主义文化。目前，沂水县已建成乡镇综合文化服务中心 19 处，乡村文化大院 1 040 处，文体广场 1 081 处。积极组织“千场公益演出送基层”、书画音乐、广场舞培训等活动，活跃乡村文化。在郯城县，活跃在乡村中的社区文艺队深受农民群众的欢迎，该县积极建设文化广场、乡村大舞台宣传橱窗等，通过举办广场舞比赛、文化卫生下乡活动、短视频大赛、民俗展演、非遗展览、舞龙舞狮大赛等，为农民提供丰富的文艺体育等活动，让农村文艺焕发不一样的活力。郯城县通过文艺活动提高乡村群众的生活质量，减少打架、赌博等不良事件的发生，且其乡村文艺演出节目大都是群众自编自导自演的，在节目中融入了遵纪守法、尊老爱幼、诚实守信等积极向上的元素，在无形中进行思想道德教育，提高农民的思想道德素质。

第四节　美丽乡村示范案例

突出美丽乡村建设，全面打造生态宜居的美丽家园。临沂市按照“规划先行、典型引路、整体推进、分步实施”的思路，坚持以城带乡、镇村一体，持续推进标准化美丽乡村建设，高标准建设一批示范村。目前临沂市已创建省级美丽乡村示范村92个、市级美丽乡村示范片区46个、市级美丽乡村示范村200个。蒙阴县成为山东省唯一入选国家第二批"绿水青山就是金山银山"实践创新基地的县，并被评为国家级生态文明建设示范县。临沂市制定出台的山东省首部市级美丽乡村条例——《临沂市美丽乡村条例》，规范和提升了临沂市美丽乡村建设水平。

在美丽乡村的建设中，要突出推广绿色生产方式，严格落实生态管护制度。加强对农业面源污染的防治，加快推进绿色防控和科学用药技术，加快畜禽养殖废弃物资源化利用，提高以秸秆为代表的农作物的综合利用率，全面覆盖规模化养殖场配建粪污处理设施，各地区制定森林覆盖率标准。突出基础设施改善，稳步推进城乡人居环境整治工作，全面完成农村饮水安全工作任务。

一、临沭县朱村：穷山村变身美丽宜居村

在发展改革委、农业农村部及有关部门编著的《乡村振兴战略规划实施报告(2020年)》中，选编了28个地方的乡村振兴典范，临沂市临沭县朱村成功入选，成为村级典型案例。朱村是山东省唯一一个入选的村级范例。绿色杞柳、古色岌山、红色朱村，临沭县曹庄镇朱村依托自身特色资源，在"绿水青山就是金山银山"理念的指引下，走出一条具有朱村特色的绿色共享、生态宜居的发展之路。

临沭县朱村是沭河沿岸的红色革命根据地。2013年，习近平总书记在视察朱村时指出，让老区人民过上好日子是我们党的庄严承诺①。朱村上下始终谨记总书记的嘱托，不让一人在全面建设小康社会的路上掉队，强化组织引领，以"记党恩、抓治理、兴产业"为主线，在沭河岸边再次唱响了乡村振兴之歌。朱村的集体年收入不断增长，从2013年的15万元，增长到2019年的33万元，人均年收入从8 000元增长到1.5万元，贫困户的年收入也从2300元增长到5 000元，不仅实现了全部脱贫，年收入还翻了一番。朱村先后获得省先进基层党组织、全国文明村、全国传统古村落、美丽乡村示范村等荣誉。

1. 整体规划山村发展的新蓝图

早期的朱村道路基础设施等薄弱、布局混乱、红色历史印记和古建筑缺

---

① 徐锦庚，庄俊亭，肖家鑫：《弘扬沂蒙精神，加快革命老区振兴发展》，《人民日报》2021年5月26日。

乏保护，为解决这些问题，朱村聘请山东省冶金设计院等对其进行总体规划设计，主要以“保护”为核心，以“打造优美人居环境、保护传统村落、传承红色精神、保护历史文化”为目标，进行旅游空间设计。另外还聘请了中国美术学院风景建筑设计院从整体上对朱村进行提升改造，主要内容包括配套设施建设、古建筑修复等改造提升工程，从整体上统筹安排、科学规划。

临沭县专门成立了柳韵田园综合体和朱村改造提升两个指挥部，并聘请了浙江大学专业团队做朱村村庄规划，实行“三区”(居住区、旅游区、农业园区)同建，目前已经完成居住区的建设。对农业区一期投资 2 000 万元，集中打造现代农业园，引入较为先进的食用菌、晚秋黄梨、冬桃、葡萄等商用果蔬品种，现已建成采摘园、葡萄示范园等，年产值达 2 400 多万元，实现集体收入增加 30 万元。在旅游区以“红色朱村”“临沭杞柳”为依托，推进“农业+旅游+文化”于一体的融合发展，现已完成杞柳种植 1 500 亩，建成 1.5 万平方米的柳编展厅，并成功举办两届柳编文化旅游产业博览会，吸引了 1 000 多万人到村参观旅游，拉动了消费，带动了就业，促进了群众增收。作为临沂市首批“沂蒙红色堡垒村”，朱村抗日战斗纪念馆扩建项目总投资 3.38 亿元，包含朱村博物馆、朱村文化展览馆、朱村支前文化纪念馆、朱村抗日战斗纪念馆和烈士纪念园 5 个部分，日容纳游客量达 3 万人。到 2022 年全面打造集居住、旅游、产业于一体的文明宜居村，在“三区”同建的蓝图中，科学规划整村提升，使朱村的乡村建设“焕”新颜。

朱村不断加强基础设施建设，包括道路、绿化、供电、供水、网络、垃圾、污水等，改造柳编产业园区的相关设施，拓宽连接柳韵田园综合体的道路，投资建设杞柳种植基地、柳博会展馆、物流配送中心、朱村沭河大桥等，并打造休闲农业园。

2. 三产融合，带领百姓致富

产业发展是脱贫致富的根本渠道，朱村以创建“红色堡垒村”为依托，大力发展红色旅游业。临沭县的柳编有着 1 400 年的历史，是具有地理标志的农产品。朱村依托当地柳编种植优势，建起柳韵田园综合体和朱村现代农业示范园，几年的时间便开创了“农业+产业+旅游”三产融合发展的乡村振兴新局面。

为挖掘传统产业的潜力，实现传统产业的转型升级，朱村新建大型柳编加工厂，吸纳周边群众和贫困户入企业务工，把传统家庭作坊式的生产方式转变为编织户入企业的新型模式。占地 1 500 多亩的临沂欧拉农业综合开发有限公司(以下简称欧拉公司)主要业务包括柳编民俗展示、物流配送、柳编加工等,把当地粗放式的家庭作坊式生产转变为规模化加工,形成了产业链,使朱村的柳韵田园综合体得到一体化发展。朱村的柳编真正做到了把绿叶子变成“红票子”,临沭的柳编产品也走向了世界各地,带动群众增收致富,拉动当地经济增长。

为拓宽和转变朱村特色产品的销售渠道和营销模式,当地扶贫干部利用电商扶贫项目,大力发展电子商务,通过电商平台销售梨、葡萄、咸鸭蛋、五谷杂粮等特色农产品,同时投资建设朱村电商服务中心和电商孵化基地,并与电商培训机构合作,前后培训“田秀才”“土专家”40 多名。朱村是柳编+花卉销售新模式的创造者,欧拉公司作为投资商之一,通过建立京东、淘宝、天猫和花田等网络店铺,在线上拓展销售渠道,在线下通过加盟、直营等方式开设店铺,建立了 2 家自营示范店,有 170 多家代理加盟商,近 30 家店中店。临沂村连云电子商务有限公司把现代电子商务与传统农业种植加工相结合,石磨面粉在“村连云”品牌的带动下,已通过绿色食品认证,利用电商平台销往一线城市,满足高端消费人群对实物品质和安全的要求。在一、二、三产业的融合下,政府、社会、村民共同把朱村的经济发展起来,为老百姓致富谋出路。

3. *文旅融合,弘扬沂蒙精神*

朱村有着丰富的旅游资源,早期对游客的吸引主要靠红色纪念馆,近年来在红色文化的基础上,开发以千年朱村为主题的文化旅游资源,利用水乡文化和历史文化,打造多姿多彩的朱村。朱村曾经是“钢八连”战斗过的地方,为传承“钢八连”精神,根据革命历史故事对民俗展馆、烈士纪念碑和烈士墓等进行整合改造,在朱村投资 41 万元建设爱国主义教育基地:朱村档案馆、朱村支前文化纪念馆和朱村文化展览馆等,到朱村参观学习的人数逐年增多。朱村依托现代农业产业科技示范园,发挥生态农业在乡村旅游中的重要作用,在沭河沿岸实施精品农家乐等项目,农家乐以特色饮食、观光休闲、自助采摘等为主题,逐步壮大朱村的乡村旅游发展。充分利用当地古建筑,对明清 50 间古民居投资 60 万元进行保护性修建,为当地旅游发展增加特色,同时为传承历史文化和历史遗迹做出贡献。朱村已成为省级农业旅游示范点,目前朱村通过发展旅游业年均接待游客 2 万余人。

朱村在进行顶层设计和发展产业的同时，还非常注重村里的精神文明建设。村里有自己的文化体育广场,还建起了乡村大舞台,村民定期开展文娱活动,积极排练节目,开展演出。朱村建有专门的综合服务楼,并在里面建设了文化活动相关设施,有乒乓球室、电子阅览室和图书阅览室,不断提升村民的精神文化面貌。另外朱村把移风易俗工作推到一线,在全镇率先成立红白理事会,并建红白理事会纪念堂。朱村在改革过程中,发生着翻天覆地的变化,每一个变化都在传承沂蒙精神。

二、费县大田庄:精准扶贫打造美丽周家村

在精准扶贫政策的要求下,临沂市费县大田庄乡对五圣堂、周家庄等16个自然村和8个行政村实行乡村连片治理,以"传承乡村文明、凸显乡村风情、保护乡村风貌、留住乡村记忆"为思路进行建设,突出美丽大田庄的特色,依托当地的生态资源优势,优化产业结构。周家村大力发展乡村旅游和休闲农业,构建贫困户和村集体长效增收机制,走出了一条产业融合、文明乡风、美好生态的新型脱贫之路。2015年大田庄还是省级贫困村,发展到2017年已成为全国美丽乡村。

在精准扶贫政策下,周家村精准施策,对贫困户进行分类。积极争取上级资金支持,大力发展旅游业,对村内的采摘园和农家乐统一进行包装和宣传,村集体组织通过提供卫生维护、停车管理等服务,提高年收入,以此带动贫困户脱贫。首先,利用公益性岗位使一批贫困户脱贫,村里在发展农家乐的同时设置停车场管理岗位和卫生保洁岗位, 使贫困户每月可增加工资性收入400元至800元不等,年增收较为稳定,在4 800元至9 600元之间。其次,通过庭院经济使一批贫困户脱贫,依托丰富的旅游资源,周家村部分有条件的村民利用农户庭院,开展畜禽养殖和果树种植,栽植山楂树、杏树、桃树等果树,养殖黑山羊、草鸡等畜禽,在村里设流动性的销售摊位和小木屋并免费提供给贫困户,帮助贫困户解决土特产销售难的问题,以此提高年收入。再次,通过教育带动一批贫困户脱贫,周家村大力发展"三同"教育,凭借教育优势,帮助部分贫困户通过为来当地参加学习的学员提供食宿的方式增加部分收入。组织贫困户中的妇女进行手工艺制作培训,通过制作手工艺品,提高贫困户的收入。最后,通过政府兜底实现一批贫困户脱贫,针对村里没有劳动能力的村民,政府通过家庭孝心养老基金和低保全面覆盖,保障他们的基本生活。通过制定不同的扶贫措施,周家村贫困

户全部完成脱贫,实现了户脱贫、村增收。

周家村是远近闻名的美丽村庄,这里旅游资源丰富,犹如世外桃源,拥有玉皇庙、玉皇顶、大汪观音峰、冰瀑、霸王裤、霸王弓等众多景点,这里户户栽紫藤、家家养桂花。为了更好地发展乡村旅游业,周家村从各方面进行改造提升,实现了户户通,政府投资 50 万元建设 2.5 千米村内硬化道路,拓宽村内道路和停车空间,并利用本地的碾盘、磨盘、鹅卵石等特色原料做成乡村景观墙,彰显周家村的文化特征。同时改造农家乐一条街的整体风格,统一铺石板路,新建一条绿色长廊步行街,在可绿化的地方大量种植紫藤,打造紫藤山庄。投资 40 多万元建设樱桃广场,对农户家闲置的房屋投资 80 多万元统一装修,配备桌椅、被子和床等生活用品,改造厕所、厨房等,打造 30 多户示范户。

借助乡村旅游的东风,周家村漫山的林果卖出了好价格,瓜果采摘、特色民宿日渐红火。曾经无人问津的山鸡蛋、野山货、核桃摆上了货架,这些看得见的变化让当地百姓的收入不断增加,生活更加幸福。

三、沂南朱家林:从贫困村到国家级田园综合体

乡村振兴可以让千万个小山村变美,可以让亿万农民致富。沂南县朱家林村曾经是贫穷落后的小山村,现在变美、变富了,朱家林田园综合体还成为山东省唯一一个国家级田园综合体。村民借着发展田园综合体的契机,建起了民宿、农家乐等特色旅游项目。2017 年中央一号文件正式提出田园综合体的概念,沂南县紧跟国家政策,2017 年动工建设朱家林田园综合体。朱家林田园综合体是沂南县探索乡村振兴,实现脱贫攻坚的重要抓手。

1. 整体规划

朱家林田园综合体的总体定位和发展理念是"共享、三美、创新",以建设"新六产融合发展、脱贫攻坚、特色小镇、美丽乡村供应商"为目标,坚持规划先行,把朱家林作为承载产业项目、对接城乡资源、扶持创新创业的平台。一是制定《朱家林田园综合体建设总体规划》,以创意小镇为核心,发展高效经济林果带、小米杂粮产业带,打造田园社区、创意农业区、滨水度假区、电商物流区、山地运动区,从总体空间布局上形成"一核两带五区",致力于建成"休闲旅游+创意农业+田园社区"模式的综合体。二是保障绿色可持续发展,坚持生态优先,聘请北京师范大学水科学研究院和山东省环境规划研究院专家,以环境承载能力

和水资源承载量倒推产业容量,科学地制定《朱家林生态环境保护规划》。推行退耕还林还草,实施绿色种植,栽种160万株树木,在水系、道路两侧绿化22.3万平方米,建设32个塘坝,形成景观水系,对污水、生活垃圾进行资源化、无害化处理,提升和保护山区的生态环境。三是科学编制《产业发展规划》,把原生态、农创、文创、"半农半×"等具有方向性、创新性和引领性的项目作为发展目标和方向,并进行招商引资,投资16.9亿元,落地布拉格香草市集、沂蒙大妮循环农业示范园、天河本草园、法国安德鲁水果加工等16个新项目。中共山东省委党校岸堤校区在规划建设中融入了田园理念,主要作为"三同"教学和党性教育教学基地,并承接校外培训任务。该校区和朱家林田园综合体进行有效融合,在学习和培训中培养新时代党员干部。

2. 强化政策,创新特色

朱家林根据朱家林田园综合体的实际情况制定扶持发展的各项奖励办法。一是设立专项基金,在新型经营主体、高层次人才引进、创客项目扶持落地等方面给予资金和政策的扶持。二是健全功能设施,建设了创客公寓、田园客厅,并建好自助商店、自助洗衣房和自助餐厅等配套,为当地的创业者提供生活空间、工作空间和基本生活保障;建设产业配套项目,如电商仓储物流园、郑州果树研究所沂南果树试验站等,在实践中建立自己的科研平台,为拉长产业链条、促进产业发展提供支撑;在朱家林田园综合体内建设社区中心,设置创客空间、规划展览馆、培训中心、独立书店、多功能会议室、便民服务大厅、志愿者服务中心等文化娱乐休闲空间和公共服务设施,为游客、新型经营主体、创客、村民提供便利化服务。三是加强对平台体系的建设,搭建金融支持、电商物流、人才培训、标准化研究、数字孪生、科技支撑等六大平台,为青年创客和项目投资者提供金融、电商、人才培训等综合性服务保障。四是鼓励多元化创新创业,鼓励青年创客和投资者大胆尝试、积极探索,并为其提供便利条件,吸引了初心文创、故里民宿、燕筑生态等18个团队入住。宋娜是朱家林田园综合体项目的发起人,沂南县人民政府充分授权并给予大力支持,使朱娜成为该项目的重要推动者。她坚持原生态和共建共享的理念,保留乡村原有的风貌,把朱家林打造成集居住与旅游于一体、村民与游客共享的圣地。临沂大学邵长文博士在朱家林田园综合体成立自然农场,使朴门农场、天河本草园等创意项目变成现实。青年创客尚长利,在此承包200亩土地,建设石榴庄园,得到了产业项目的支持,扶持资金

105万元，将朱家林园区打造成高品质的现代农业产业园，使观光旅游产业、产品深加工产业、石榴种植产业融合发展。

3. 乡村发展的多元化模式

朱家林田园综合体利用当地地域特色和资源优势，以乡土理念为基础，通过局部修缮、内部装饰、整体保留的方式，融入现代乡土设计理念的同时保留了乡村历史记忆。村落的内部与外部、部分与整体、历史与现实实现新旧融合，使朱家林形成独特的乡村建筑形式，既留住了乡愁，又吸引了游客。在保留特色的同时，抓住新技术，朱家林田园综合体是在互联网思维下进行的乡村治理，是一个共建共享、开放式的平台，这里不收门票，没有围墙，以数字化建设为目标，通过人工智能、区块链、云计算与大数据的跨界融合，对未来发展进行预测，为朱家林更好地发展提供数据支撑。

朱家林充分发挥农民群众的主体作用，在旅游扶贫与开发过程中，根据贫困群众的年龄、体能和技能情况，成立了果树种植、环境绿化、物业保洁、建筑施工、手工民宿等30多个农村专业合作社，让贫困村民全面参与项目建设；部分群众通过自主创业的形式，开办民宿、农家乐和手工制作工作室，以实现增收；使村民实现在家门口就业，流转土地、盘活闲置村院，稳定农民收入，让农民群众成为受益者。

朱家林田园综合体不断改革创新，以新旧动能转换项目为契机，进一步激活了农村土地、人力、房屋等多种要素的活力，走出了一条独具特色的新路子，成为乡村振兴的齐鲁样板。

第七章
沂蒙精神在特色产业中的传承

第一节　沂蒙山区的产业扶贫

扶贫的路有千万条，而真正有效的扶贫是发展当地特色产业。每个地方的条件不同，但有一个共同点就是都有特色产业。把当地特色产业做强、做优，才是让贫困地区农村长效脱贫的办法。贫困地区的人口如果不迁移又没有特色产业，只依靠救助是无法实现长效脱贫的，把贫困地区特色产业做强就是要有市场卖点效应，做优就是要有市场热点效应。

产业扶贫是通过延伸产业链来增加当地就业机会。贫困农村困在就业没机会，创收有困难。要有效解决贫困地区脱贫问题，通过延伸当地的特色产业链为群众创造就业机会，进而让贫困农户创收。延伸产业链可以采取一、二、三产业融合的模式，也可以发展休闲、观光等新形态农业模式。农业产业链越长，产业分工合作越发达；农产品产业链越长，在加工、分拣包装、生鲜仓储、冷链物流等环节就会产生越多的就业机会。

产业扶贫是通过提高农产品附加值来增加贫困农户收入的。扶贫不等同救济，脱贫不是一锤子买卖，贫困农户要有细水长流的增收途径。产业扶贫就是通过提高农产品附加值确保贫困农户脱贫后有长效的收入。一是产业扶贫推行标准化特色农产品生产，促进农产品品质增值；二是推动精准化特色农产品市场服务增值；三是推进品牌化特色产业增值。这些工作很难一蹴而就，但确实很有效，如果短期内无法完成也不要放弃，坚持不懈地做好基础工作，等机会成熟了品牌效应就出来了，贫困农户收入也就有了长久保证。

产业扶贫只有与乡村振兴紧密结合，才能确保贫困地区脱贫后不返贫。脱贫容易，但脱贫不返贫才困难。产业扶贫就是要把产业发展与振兴乡村结合起来，让脱贫后的地区乡村发展有后劲、产业发展有潜力、农民增收有活力。通过产业扶贫与乡村振兴的结合，积极推动补上全面建成小康社会“三农”领域的短板，促进产业升级；产业扶贫既会促进农村土地、宅基地、集体产权制度改革，改善乡村人居环境，又会促进产业健康长足发展。只有实现乡村振兴，产业发展才有根基，农村脱贫才有后盾。产业扶贫可能不是脱贫的“快车道”，但它是扶贫的必由之路。

一、临沂市开展产业扶贫的探索与实践

党的十八大以来，临沂市积极响应精准扶贫的号召，在《中共临沂市委临沂市人民政府关于打好扶贫开发攻坚战的意见》（临发〔2015〕24号）中明确了“六项扶持措施”，第一项即为脱贫项目提供扶持。为因地制宜地高效发展扶贫产业项目，临沂市结合区域特点和资源禀赋，积极探索产业扶贫路径，创新产业扶贫模式，使产业项目与贫困户利益密切联结，帮扶贫困地区、贫困户脱贫摘帽，建立使贫困群众稳定、持续、长效增收的机制，促进贫困地区人口致富奔小康。

1. 精准摸底，按需施策

精准扶贫、精准脱贫的第一要义是“精准”。“六个精准”中第一个“精准”便是扶持对象精准。2016年，临沂市开展“三问三清”调研走访活动，即一问贫困户为什么贫穷，二问扶贫工作重点村为什么贫困，三问联系乡镇为什么落后，做到脱贫攻坚责任清、措施清、时效清。组织8.6万名“结亲连心”干部，深入百万农户家中开展走访活动，做到村村到、户户访，查清穷因，找出穷根，开准方子。在此基础上，编制了村情示意图、民情示意图和扶贫手册“两图一册”，基本建立了贫困档案数据库，并录入沂蒙脱贫攻坚指挥平台，实现了信息数据汇集、资源供需对接、项目跟踪管理、调度考核评估等功能的信息化。经过数据摸底分析，涉及产业扶贫方面的，全市贫困户中缺劳动力的有2.9万户、缺资金的有2.2万户、缺土地的有1 202户、缺技术的有1.4万户，自身发展不足的有2 864户；从帮扶需求来看，贫困户中需求种植的有3.9万户、养殖的有2万户、加工的有0.1万户、电商的有0.2万户、务工的有0.5万户、技能培训的有0.7万户、资金贷款的有0.8万户。这些数据为实施精准产业项目帮扶指明了发力的方向。

2. 因地制宜，精准实施

培育壮大特色产业是做强区域发展的现实需要，也是开发式扶贫的根本出路。临沂市立足产业门类齐全、商贸物流发达、农产品资源丰富等优势，宜农则农、宜工则工、宜商则商、宜游则游，想方设法把贫困群众拉进“种、养、加、旅、工、贸”等产业链条中来，让他们通过产业链增效、价值链增值，尽快脱贫致富。

养殖业方面，发挥龙头企业和合作社带动作用，重点推广庭院经济、林下养殖、合作社带动、代管养殖等模式，降低贫困户养殖风险，增加生产性收入。农产品加工业方面，使龙头企业发挥带动作用，通过“建链—补链—强链”，把贫困群

众纳入产业化发展链条。

3. 开发新型业态

光伏扶贫项目,不改变土地性质、不占用土地指标,收益相对稳定,对参加这个项目的农户,按实际收益进行分配,增加贫困人口资产性收入。重点发展集中式、分布式和合作社式三种类型光伏扶贫项目。一是在具备条件的贫困村建设村级集中式光伏电站。采取县财政专项扶贫资金安排、帮扶单位支持、贫困村自筹等筹资办法建设村级光伏电站。贫困村自筹资金可通过村自有资金、中标实施企业垫资、富民生产贷款等小额扶贫贴息贷款等方式解决。二是在具备条件的贫困户家中建设户用分布式光伏电站。通过小额信贷借贷一点儿、财政补助一点儿、贫困户少量投入一点儿的方式,扶持符合条件的建档立卡贫困户安装分布式光伏发电系统。贫困户自筹资金通过自有资金、中标实施企业垫资、富民农户贷等小额扶贫贴息贷款等方式解决。三是成立村级光伏发电合作社。鼓励贫困户充分利用“富民生产贷”“富民农户贷”入股合作社,参与分红。

4. 激活金融要素

针对贫困群众发展缺资金、贷款受限制的问题,临沂市采取激励扶持政策,支持金融部门开展金融扶贫信贷业务,为贫困群众创业致富提供资金保障。一是发挥财政资金的牵引作用,设立 1.31 亿元金融风险补偿金,按照放大 15 倍的规模为扶贫小额信用贷款和企业再贷款业务提供担架,并给予 3%的财政贴息,年可带动金融机构新增信贷投放资金 20 亿元, 扶持带动贫困群众发展致富项目 4 133 个。二是创新实施金融扶贫“721”信用评级办法,按照诚信情况占 70%、家庭收入情况占 20%、其他方面占 10%的标准评出贫困户信用等级,经办银行根据信用等级实施授信贷款,目前已有 13 638 户贫困户完成了评级授信,发放贷款证 5 361 个。三是坚持市、县、乡镇、村“四级联动”,在全市所有省定贫困村设立金融综合服务点,为扶贫小额信用贷款开通“绿色通道”,实行限时办结。

5. 规范程序,严格管理

为确保项目立项科学、运行规范、质效稳定,临沂市从“建、管、护”三方面着手,制定《临沂市产业发展项目管理办法》《产业发展项目实施方案编制细则》等文件,全力为扶贫产业项目健康运行保驾护航。一是优化项目库。创新项目管理工作机制。推行“三评一审计”制度,即项目实施方案分别进行群众评议、县级专家评估和县级评判，审计部门对项目立项、方案编制进行审计监督，并实施责任倒查追究。实行"六步三公示"工作法，进一步明晰项目库建立、立项提报、审批备案、组织实施、竣工验收、档案整理等6个程序的工作步骤、要求和责任人，并将项目立项、审批结果情况在县、乡(镇)、村实施三级公示，推进项目科学立项。建立项目资金公示公告制度，接受群众和社会监督。二是管理好已投产项目。对已建成投产的项目，从项目立项、工程招投标、资产确权、后续管护、收益分配等环节开展高密度督导检查，确保项目手续完备、管理规范、收益到位。三是提升项目质效。在项目后期维护过程中，坚持定期监测、分类管理，未雨绸缪，根据项目的运营状况、收益情况和市场前景预测分析，将全市产业扶贫项目划分为a、b、c、d四种类型，实行分类管理。

二、临沂市开展产业扶贫取得的成效

在对产业扶贫工作的不断探索和实践中，临沂市形成了以产业扶贫项目为主线的精准扶贫、脱贫路径。根据2020年3月统计数据，临沂市2016—2019年共实施产业扶贫项目2 845个，其中种植类870个、养殖类111个、旅游类93个、车间厂房和加工类431个、电商类42个、光伏扶贫类等1 298个，共带动贫困户27.4万户次、48.9万人次，年人均增收500余元，有效巩固拓宽村增收户脱贫渠道，基本形成了"镇镇有主导产业、村村有增收项目、户户有脱贫门路"的发展局面。

临沂市共形成了7种具有沂蒙特色的产业扶贫发展模式。

一是优势产业开发型。立足当地资源禀赋、区域位置、产业基础等优势，因地制宜发展蔬菜、食用菌、榛子等优势产业项目，实现特色种养业在生产、加工、流通、销售等方面的规模化发展。

二是业态融合发展型。适应产业融合发展趋势，借势发挥现代农业园区、田园综合体、专业合作社等经营主体的带动作用，通过在园区内建设采摘大棚、委托经营、入股量化分红、入园务工等方式融合发展，实现"租金股金薪金"的多元化增收路径。

三是乡村旅游增收型。依托红色遗迹、山水生态、田园风光、传统村落、民俗文化等资源，整合多方资金建设农业观光园区、精品民宿、文化体验园等项目，发展具有沂蒙特色的乡村旅游产业。

四是党建引领示范型。农村基层党组织发挥示范引领作用,支持村级集体组织牵头领办、创办农业服务队、运输公司、劳务合作社等服务实体,发展农机作业、代种代收、物流运输、劳务输出、物业管理等业务,增加集体经济收入,促进农民增收致富。

五是“园区飞地”建设型。创新扶贫项目建设思路,改变以往局限于在本镇本村建设项目的传统思路,通过整合镇级扶贫资金,依托工业园区的优越地理位置和营商环境,在“园区飞地”建设扶贫车间,吸引企业落户,提高产业项目收益,实现长期稳定收益。

六是物业投资租赁型。有条件的村采取“村村抱团”的方式,集中整合扶贫资金购置一些投资回报率高、升值空间大、发展潜力大的车间、厂房、店铺等物业,产权由乡(镇)人民政府统一管理,通过物业租赁的方式获得收入,在保障每年有稳定收入的基础上,能为村里留下一笔升值空间大的固定资产。

七是资产盘活带动型。对贫困村村级集体资产产权进行全面的清产核资,盘活村级集体闲置的废弃矿坑、库房、礼堂、校舍、山塘、水库、林地等资产资源,通过自主经营、租赁经营、托管经营等方式,实现集体资产保值、增值。

第二节 绿色沂蒙 发展现代农业

近年来,受新冠肺炎疫情的影响,临沂市农业农村局认真落实山东省委和临沂市委工作会议精神,积极出台防控保障措施,认真贯彻上级部署要求,抓好“菜篮子” 产品的生产等重点工作, 整合临沂市农业农村力量下沉农业生产一线,对春管春种、农田建设、农资供应等进行巡回指导,用好乡村振兴专家服务团、农技推广“空中课堂”线上线下科技服务,促进农业生产。通过月调度制度完成产业振兴重点任务 44 项,全力推进临沂市产业振兴工作开展。

作为农业大市的临沂,正进一步汇聚乡村振兴的合力,推动农业全面升级、农民全面进步、农村全面发展,统筹布局现代农业产业体系、生产体系、经营体系,引领农业成为有奔头的产业、农村成为安居乐业的家园、农民成为具有吸引力的职业。新时代、新担当,临沂市在沂蒙精神的引领下,用一项项接地气、惠“三农”的“临沂方案”,勾勒“三农”发展的“临沂蓝图”,打造乡村振兴的“沂蒙样板”，让沂蒙大地真正实现农业强、农村美、农民富。

一、以田园综合体为抓手推动产业振兴

1. 全力推进田园合体建设

全市共确定田园综合体重点项目 32 个，规划总面积 60 余万亩，总投资约 400 亿元，累计投入资金 75 亿元。其中，国家级试点项目沂南县朱家林田园综合体，规划面积 4.3 万亩，计划总投资 20 亿元，近年来已投资 4.4 亿元；省级试点项目沂水县尹家峪田园综合体，规划面积 5.67 万亩，计划总投资 19.4 亿元，近年来已投资 9.4 亿元。省级田园综合体兰陵县压油沟田园综合体项目、平邑县大殿汪水浥田园综合体项目、费县东蒙乐华田园综合体项目正在加快建设，其中兰陵县压油沟田园综合体项目总投资 12 亿元，目前累计完成投资 6.7 亿元；平邑县大殿汪水浥田园综合体项目总投资 18 亿元，目前累计完成投资 4.5 亿元；费县东蒙乐华田园综合体项目总投资 15 亿元，目前累计完成投资 1.2 亿元。

2. “产自临沂”品牌提升行动扎实推进

组织、指导临沂市企业参加山东卫视“春晚带货”、费县优质农产品首届年货节暨东方蓝色港湾嘉年华活动、2020 年中国樱桃年会暨全国优质樱桃大赛、中国临沂白沙埠镇第三届洋葱文化节等“产自临沂”优质农产品专题推介(节庆)活动。6 个企业产品品牌入选山东省第五批知名农产品企业产品品牌，蒙阴蜜桃、莒南花生分列“2020 中国品牌价值评价信息发布”区域品牌(地理标志产品)类第 12 位和第 42 位(中国品牌建设促进会联合中国资产评估协会等单位评估发布)。截至 2020 年，临沂市优质农产品基地(园区)面积稳定在 574.82 万亩，优质农产品基地(园区)939 个；培育品牌价值超过 10 亿元的区域公用品牌 11 个、企业品牌 7 个。40 家企业产品品牌入选山东省知名农产品企业产品品牌，数量居山东省前列。

3. 狠抓农产品质量安全

以整建制创建农产品质量安全市为抓手，大力推行农业生产标准化，全市建设省级农业标准化生产基地 165 处、市级优质农产品基地(园区)939 个；建立完善食品安全和农产品质量监管及标准生产体系，目前已建成市级监管追溯中心，农产品质量例行监测合格率稳定在 98%以上，省级以上农产品质量安全县

达10个。

二、强化措施，全力推进乡村产业振兴高质量发展

1. 做优现代种养业

建立科学规范的农业标准化体系，尽快修订临沂优势特色农产品产品标准和生产技术标准(规程)，加快推进省级农产品质量安全县和国家蔬菜质量标准中心的创建。培育和塑造农业品牌，提高涉农商标注册、运用、保护和管理水平，培育一批区域特色明显、带动能力强、发展潜力大、市场知名度高的农产品品牌和区域公用品牌。减少农业面源污染，实施化肥、农药使用量零增长计划，重点推广水肥一体化技术，提高有机肥替代化肥比例，减少农药残留，持续开展农药减量控害工作，加强病虫害测报体系建设，推广绿色防控技术模式、新型高效植保机械和科学施药技术，指导各县(区)开展春季农作物病虫害调查监测、春季麦田红蜘蛛防控工作；促进农药化肥减量，安排部署新型肥料试验 4 处，完成大樱桃田间肥效试验 1 处，2020 年上半年新增水肥一体化应用面积 104 030.11 亩，占全年任务目标的 69.35%。

资源化利用农业废弃物。强力推进畜禽养殖废弃物资源化利用，全市规模养殖场粪污无害化处理设施配建率达 98.86%，大型养殖场粪污无害化处理设施的配件率达 100%，粪污综合处理利用率达 83.31%；加强回收体系建设和全生物降解地膜试验示范作用，累计在春花生、马铃薯上推广全生物降解地膜 400 亩，在春花生上推广标准地膜 1 万亩。科学化治理受污染耕地。临沂市已于 2020 年 6 月全部完成耕地土壤环境质量类别划分工作，完成了小麦、大蒜、蔬菜等作物的受污染耕地安全利用和协同监测工作，并制订了秋季作物监测计划。

加快推进种养循环一体化，推广费县病死畜禽资源化利用的做法，推进农林产品加工剩余物资源化利用；大力推广蒙阴县“果兔果”等循环农业模式。

2. 做精乡土特色产业

围绕打响“生态沂蒙山、优质农产品”品牌，增强临沂农业市场的竞争力，实行龙头企业带动一批、合作社组织一批、特色基地吸纳一批等模式，采取订单生产、合作协议、产销对接、股份合作等方式，让贫困户在农业产业化进程中实现增收致富。在种植业方面，将重点放在调结构、优品种、创品牌、提品质上。在各县区重点扶持发展 12 个优势主导产业，做强做大特色优势产业，着力建设莒南

优质花生基地，打造沭河东岸高效生态特色农业长廊、临港蓝莓、茶叶等高附加值特色产业，大力发展蔬菜、杂粮、优质林果、食用菌等特色产业，着力打造“蒙阴蜜桃”“双堠西瓜”“莒南花生”“郯城银杏”“费县核桃”“平邑金银花”“沂南孙祖小米”等优质农产品品牌。

3. 做深农产品加工业

极力培育金胜粮油集团、青援集团等一批农产品精深加工重点企业，加快建设莒南花生加工基地、中国脱水蔬菜加工城和沂水食品加工强县，重点发展茶叶、中药材、食用菌三大主要特色农产品的精深加工，逐步形成与区域特色优势农产品分布相适应的加工布局，创建810个在山东省乃至全国有影响力的特色农产品及其加工制品品牌。围绕国内外药材市场的需求，建设沂蒙山药材种植基地，打造金银花产业集群。

4. 做强农产品流通业

创新农村电商模式，支持优势产区建设批发市场，健全农产品产地营销体系，深入实施“智慧便利店进社区工程”“品牌农产品进超市工程”“新农村现代流通服务网络工程”“乡村旅游后备箱工程”，鼓励推广“农旅”“农展”等多种形式的产销对接。

随着商贸物流的蓬勃发展，农村物流在临沂市兰山区生根发芽、开花结果，出现了以农村商贸物流融合发展为主体的多种运作模式，打开了农产品进城、工业品下乡的双向流通渠道。走出了一条便民、惠民、富民的新路子。兰山区充分发挥大市场、大物流的独特优势，做大做强农产品市场交易平台，加快农产品交易流通。目前，兰山区建成临沂农产品批发市场、华苑农副产品超市等6处大型综合批发市场，承载着全市农产品的交易流通，年交易额达90余亿元；大力发展电子商务等新业态，积极利用“互联网”探索“旅游”“生态”等新模式，农产品也搭上了网络快车，目前，已建成齐鲁E谷电商产业园、兰山商城2个电子商务公共服务中心，384个益农信息社，9个农村电子商务服务站，实现广大农民群众享受公益服务、便民服务、电子商务和培训体验服务不出村，促进农商文旅深度融合，实现产业链相加、价值链相乘，帮助农民获得更多产业增值效益，促进乡村产业振兴。

5. 做活乡村新兴产业

首先，因地制宜建设田园综合体。坚持规划先行，强化产业支撑，在“综合”

上下功夫，拓展农业发展渠道，促进各产业融合发展，充分展现农民生活、农村风情、农业特色和田园特色，增强农业的可持续发展能力。

兰山区吸引城市资本下乡，加快推进农村一、二、三产业融合发展，成立了兰山城投、财金两大融资平台，助力新旧动能转换和乡村振兴战略，投资建设现代农业产业园、科技园、创业园、田园综合体、农业产业化联合体以及粮食生产功能区“三园两体一区”，不断提高土地利用率、增加附加值，推动农业由增产导向转向提质导向。建设了临沂龙湾都市农业科技示范园、太公现代农业园、荣泽农业庄园等15个现代农业产业园，引进了水墨琅琊·茶芽山田园综合体、金锣绿色康养、双和大柏山、琅琊·梦花里等项目，预计总投资达93.1亿元，总占地面积4.26万亩。同时，注重对经营主体的新型化培育，瞄准前端农资链和后端加工链，鼓励引导城市资本入驻金锣集团等龙头企业或专业合作社，培育壮大“六次”产业龙头，辐射带动不同类型农业产业链，使其延伸整合，产生集聚效应，兰山区的一、二、三产业实现融合发展。目前，兰山区市级以上农业龙头企业已达44家，农民专业合作社已达716家，家庭农场达已192家。兰山农业正逐步迈向组织化、规模化、产业化的发展道路。

其次，打造沂蒙乡村旅游品牌。重点打造一批乡村旅游特色村、旅游精品小镇、精品民宿等高端乡村旅游精品示范项目，加快培育休闲观光园区、森林人家、康养基地、乡村民宿、渔夫垂钓、旅游小镇等乡村旅游产业，形成多业态集聚的乡村旅游带和乡村旅游集群片区。积极发展乡村服务业。大力培育多元化农业社会化服务组织，支持经营性服务组织提供生产、加工、贮藏、销售、技术、信息、融资、保险等农业生产全程服务。积极推广金丰公社模式，实现从种植到销售的全产业链农业服务。大力做好现代种业产业，搞好天泰种业基地建设，进一步扶持郯城种子公司发展，培育一批高产、优质、专用品种，为全市粮食增产、增效提供有力支撑。

最后，注重培育新型农业经营主体，大力培育种植大户、家庭农场、龙头企业、专业合作社等新型的经营主体，推进多种形式的适度规模经营。积极支持乡村本土能人、返乡人员、回乡大中专毕业生、退伍军人等各类人才回乡发展，利用其管理、资金、技术等优势，组织创办家庭农场、农民合作社，发展现代种养业及乡村二、三产业，使更多的农民能够参与乡村产业的振兴。同时，将继续抓好新动能示范培育工程、农业基础设施提升工程、“产自临沂”品牌提升工程、农业农村改革创新工程、乡村振兴保障工程等五大工程建设，加快推进产业振兴44项重点任务开展，为打造乡村振兴齐鲁样板贡献临沂力量。

第三节　红色风情 特色乡村旅游

贫困地区多是生态资源富足地区，不少贫困群众守着绿水青山却找不到脱贫致富的门路。临沂市充分利用贫困村特有的自然生态资源，大力推进旅游开发扶贫。临沂市主要采取了五种模式。一是直接就业脱贫模式。加快旅游产业发展，延伸旅游产业链条，为贫困人口安置就业岗位，以薪酬模式脱贫。例如，沂南县红色旅游和乡村旅游的发展，为贫困村群众提供了丰富的就业岗位。二是行业转型脱贫。依托旅游资源，引导贫困户从“土里刨食”迈向服务业，实现转型脱贫。沂水县引导景区贫困农民积极发展“农家乐”饭店、民宿酒店、果业采摘园等产业项目，实现了收入大幅增加。三是捆绑发展脱贫。把贫困村的绿水青山变成发展旅游的“金山银山”，以村为单位成立旅游合作社，贫困户以房屋、土地、果园等资源为资本入股合作社，通过共同经营实现资产收益。四是腾笼换鸟脱贫。充分利用村庄的自然生态资源和人文历史，将村庄进行统一规划建设，并开发成旅游景点，彻底转变贫困村的经济发展模式，实现快速脱贫。兰陵县压油沟村是保存完好的古村落，通过引入旅游投资企业，不仅37户64名精准识别的贫困农民可以按计划实现脱贫，而且全村155名成年村民全都免费参加了城乡居民养老保险和基本医疗保险。五是借力开发脱贫。借助“旅游农业”模式，推动农业与旅游业的深度融合，助农民增收，脱贫致富。

在“十三五”规划期间，临沂市大力发展乡村旅游，有6个全国休闲农业示范县，6个全国乡村旅游示范点，42个省级旅游强乡镇、86个特色村，8个全国乡村旅游重点村，在数量上稳居山东省第一，临沂市也成为山东省的乡村旅游示范市。围绕“在打造乡村振兴齐鲁样板中走在前列”的目标，立足临沂市农业资源丰富、生态环境优良、与长三角地区毗邻和相互商务往来频繁等优势，在统筹推进“五大振兴”（产业振兴、人才振兴、文化振兴、生态振兴、组织振兴）的基础上，市委、市政府做出了主动对接长三角、乡村振兴“三步走”的决策部署，制定出台了《中共临沂市委、临沂市人民政府关于在打造乡村振兴齐鲁样板中走在前列的实施意见》(临发〔2020〕10号)、《临沂市打造长三角中心城市农产品供应基地工作方案》(临农委发〔2020〕3号),努力把临沂打造成长三角地区的农产品供应基地、休闲旅游"后花园"和产业转移"大后方"。2020年8月12日,临沂召开打造长三角城市"后花园"推进全域旅游工作现场会,把打造长三角休闲旅游纳入临沂市"十四五"旅游规划的重要内容。

一、临沂市红色文化旅游资源梳理

临沂市坐拥壮美山川和厚重的历史文化,始终以红色文化为魂,以沂蒙精神为根,高度重视红色旅游业的发展,依托当地丰富的红色历史文化和旅游资源,研究并制定了《临沂市红色旅游总体规划》,确立了"红色旅游名市、旅游经济强省"的发展目标,在不断创新中,深入挖掘红色文化遗址、遗迹,探索出一条践行沂蒙精神的红色旅游之路,促进了临沂市经济社会朝着又好又快的方向发展。

1. 红色文化资源

在革命战争年代,中国共产党在临沂先后建立了滨海、鲁中、鲁南革命根据地,并成立了山东省政府,华东野战军、华东局机关、新四军、八路军第一纵队、八路军第一一五师司令部、山东党政军机关等曾长期驻扎在临沂,谷牧、粟裕、陈毅、罗荣桓、徐向前、刘少奇等老一辈无产阶级革命家都曾在这里战斗过。临沂是全国著名的革命根据地,著名的孟良崮战役、渊子崖保卫战、大青山突围等都发生在这里,这里还是沂蒙"红嫂"、沂蒙"母亲"、沂蒙"六姐妹"故事的发源地,经典红色歌曲《跟着共产党走》《沂蒙山小调》等的诞生地。临沂市有234处被公布为文物保护单位的革命遗址,200处市级重点抗战遗址,各级革命纪念馆、博物馆收藏文物3 177件/套,它们是沂蒙人民进行革命斗争的历史见证。

2. 红色旅游

坚持推进高质量文旅融合。启动第三届临沂文化惠民消费季,融合发展全域旅游、打造红色文化圣地,突出田园乡村、沂蒙山水、温泉疗养、红色研学、非遗传承、城市商贸、历史文化等资源上的优势,着力建设30个旅游特色小镇、100个旅游特色村,培育了一批红色文化示范点,推出一批红色旅游景区和精品线路。山东省政府和八路军115师司令部旧址、大青山胜利突围纪念馆、华东革命烈士陵园、沂蒙六姐妹红色旅游区和孟良崮战役烈士陵园等，这些红色旅游景区得到国家的重点支持，成为全国红色旅游经典景区。

3. 红色文艺作品

临沂市文艺工作者不断挖掘红色文化资源，创作大量不同类型的文艺精品，以艺术作品的形式弘扬沂蒙精神，扩大沂蒙精神的影响力。创作并推出《巍巍大青山》《赵志全》《沂蒙组歌》《沂蒙红崖》等红色爱国主义情景剧，以《蒙山沂水》为代表的大型水上实景演出，入选山东省第八届精神文明建设“精品工程”，获第七届中国舞蹈“荷花奖”组委会特别奖；大型歌剧《沂蒙山》、芭蕾舞剧《沂蒙三章》、现代柳琴戏《沂蒙情》等，通过挖掘临沂有影响力的红色题材，铸造沂蒙红色品牌。

二、临沂市对红色旅游资源的开发

提高对红色文化旅游资源顶层设计的重视。临沂市委、市政府成立了专门的领导小组，加强对红色文化旅游资源的管理，协助解决与红色文化旅游相关的重大问题。先后下发了《关于加快红色旅游发展的意见》《“弘扬沂蒙精神 传承红色基因”十大行动实施方案》《革命文物保护利用工程实施方案》《2021 年度弘扬沂蒙精神工作方案》等文件，对红色文化旅游工作进行全面部署。临沂市人民代表大会常务委员会也将传承弘扬沂蒙精神和保护利用革命文物纳入地方立法项目中，2020 年制定并出台了《临沂市红色文化保护与传承条例》。这是国内最早以保护和传承红色资源为主题的地方性法规，以法规的形式推动新时代的沂蒙精神，使红色基因代代相传。

提升生态环境的竞争力和质量，健全自然生态系统，落实生态红线制度，对城乡环境进行优化，加强对旅游特色镇、乡村旅游片区、旅游景区等环境秩序的治理，缩小城乡旅游景区环境差异。加大乡村旅游基础设施建设，修建道路，在旅游度假村及景点提供相关服务设施，完善乡村旅游的公共交通设施，健全旅游交通的标识体系，打造一批旅游快速通道、休闲漫道、观光廊道、产业链道。对旅游集散中心系统进行提升，推进旅游景区的“厕所革命”，并提供配套的餐饮和住宿服务，打造特色美食街，弘扬沂蒙传统特色美食。

在建设亲情沂蒙文化品牌的契机下，对红色旅游景区的发展进行引导，围绕不同的主题，加强策划创意，不断丰富旅游产品形态，提升游客的体验性和参与性。在景区的设计中讲好沂蒙“六姐妹”、沂蒙“母亲”、沂蒙“红嫂”等拥军爱军的故事,用雕像、文字、影片、文创产品等方式传递沂蒙精神,扩大红色旅游的影响力。把景区和党性教育相融合,加强红色旅游的党建教育功能,并配合各地党性教育办公室,以红色旅游为载体,让党员集体走进景区接受红色精神的洗礼,丰富党性教育手段,实现党性教育与红色旅游一体化发展。

把沂蒙精神作为临沂城市与乡村文化建设的主题,强化红色沂蒙形象,提升地域文化魅力,在通往乡村旅游景区的主干道路、交通出入口、重点街区等位置设置景观雕像、宣传国家最新政策、树立沂蒙精神核心理念标识牌,宣传弘扬红色文化和形象。完善各级纪念馆、文化馆、博物馆、非遗馆、乡村记忆馆、展览馆等设施,提升旅游服务功能,丰富城乡文化内涵。

临沂市全力打造国家级红色旅游品牌,发展红色研学旅游,重点建设5A级旅游景区,打造了沂蒙红色影视基地景区、孟良崮旅游区、岱崮地貌旅游区等20多家4A级以上的旅游景区,依托爱国主义教育基地和沂蒙党性教育基地,开发特色培训,培训10万多名党员干部,承接3 800多个各类班次,通过红色培训大力弘扬沂蒙精神。针对成人教育、大学、高中、初中、小学编制红色研学教程,面向青少年学生群体开展爱国主义教育和红色教育,先后举办“跟着共产党走——庆祝建党100周年沂蒙精神革命文物展”,临沂抗战纪念地展;讲好革命和文物背后的故事,开展红色讲解员培训、小小红色讲解员、红色故事讲解大赛等活动。在红色研学中打造精品线路,策划推出军事游、沂蒙山红色经典游、重走沂蒙山红色游等;举办青少年文创大赛、红色商品设计大赛、非遗产品进景区等,创新红色文旅产品开发的渠道。面向大学生群体开展百所高校走进沂蒙山活动,培育沂蒙思政课堂品牌。

在发展乡村旅游的同时,临沂市更加注重乡村旅游的集群化和精品化建设,扎实开展村庄景区化、田园综合体建设,创建精品特色旅游村、旅游小镇。在临沂中心城区打造有影响力的旅游项目,加快推进沂州古城、兵学文化公园等项目的建设。为提升临沂旅游业在全国的影响力,调整旅游市场布局,为旅游构建专门的营销系统,把重点旅游客源市场转向长三角城市,在时间和资金上逐步推进,争取在最短的时间内建立稳定的长三角客源。另外利用各种融媒体、新媒体等形式,通过快手、抖音等短视频平台积极推广临沂市红色旅游资源。

三、“一景带四员”打造乡村振兴“红嫂家乡”样板

精准扶贫工作开始后，沂蒙红色影视基地主动承担社会责任，在实践中打造了乡村旅游特色产业就业扶贫模式，为全国革命老区打赢脱贫攻坚战探索了一条新路径，并被评为省级龙头扶贫企业。

沂蒙红色影视基地充分发挥旅游业综合性强、关联度高、拉动力大的产业优势，成为革命老区脱贫攻坚、乡村振兴的主力军和“助推器”。沂蒙红色影视基地和周边5个村结成帮扶对子，在他们的帮扶下，村民通过“土地入园当社员，景区务工当职员，摇身一变当演员，售卖产品当店员”，不仅解决了工作问题，而且有了稳定的收入，通过就业实现脱贫。

沂蒙红色影视基地景区就像一台大功率的就业“孵化器”，600多名农民实现了就近就业脱贫。景区周围的常山庄、张家峪子、双泉峪子、西寺堡、董家庄等村的160多人，在这家4A级景区上班，从事售票员、导游、酒店服务员、保安、保洁员等工作，每月收入1 500~3 000元。此外，有近200名村民从事建筑、绿化等季节性工作，还有300多名村民，在景区及周围开设了农家乐、民宿，从事手工艺品制作、土特产销售等工作，收入均很可观。有很多农民由于工作出色，在景区、酒店走上了经理、主管、厨师长、领班、班组长、管理员等管理岗位，成为“白领”。

沂蒙红色影视基地景区所在的常山庄村，2014年建档立卡的贫困户有30户，2016年实现整体脱贫。随着旅游业的发展，景区所在的常山庄村以及周围的张家峪子、西寺堡、双泉峪子、新立村等，人均可支配性收入达到了1.5万元以上。在扶贫工作中，发现许多贫困人口缺少科学知识、缺乏脱贫致富技能。于是，实施智力扶贫，加强对贫困群众的教育培训，提高他们的文化水平和劳动技能，增强他们的竞争能力。成立了山东沂蒙红色影视基地劳务服务有限公司，建起了“一中心三基地”——影视基地微电影摄制中心、影视演员培训基地、沂蒙红色创客制作基地、就业创业实训基地。对从事群众演员、技术性较强工种的贫困人口，聘请专业人员为他们提供有针对性的培训。

“一中心三基地”已成功孵化手工加工、草编等就业加工点10多个，贫困人口不需外出就能实现就业，每人每月收入近千元。对到景区、酒店从事服务员、保洁员、保安等工作的贫困人员，全部进行岗前培训。

常山庄等村的群众演员，在影视行业中名气较大，许多影视剧拍摄方都愿意使用这里的演员，原因就是这里的演员经过专业技能培训后，表演技能得到了很大提升，拍摄中能达到事半功倍的效果。

与当地政府“就业创业一点通”系统联网，精确掌握周围贫困村贫困劳动力的需求、培训、就业等情况，进行有针对性的帮扶。建立贫困人口“技能工”数据库，为有一定手艺和技能且尚未脱贫的人员，如瓦工、石匠等建立个人档案，并保存在景区大数据库中。除进行专业技能培训，还免费为贫困人口介绍就业岗位和提供工作机会，使他们的收入大大增加。所有技能培训产生的培训费用，全部由沂蒙红色影视基地承担。

宽敞的道路、整齐的新社区、红火的影视城、富民的新产业，如今的沂蒙老区群众安居乐业，过上了红红火火的好日子。

第四节　特色养殖 脱贫致富更高效

临沂市畜牧业的发展经历了从弱到强、从小到大，不断开拓进取的过程，才实现了跨越式的发展。临沂市把建设畜牧业强市作为发展动力，把农民增收作为发展目标，不断推进畜牧业升级转型，临沂市畜牧业的发展已经成为乡村振兴、农村经济发展、农民增收的重要支柱产业。近年来，临沂市的畜牧业通过龙头企业带动、项目扶持、养殖技术培训、养殖合作社帮扶等方式在精准扶贫中取得了良好成绩，在蒙阴县姜庄村、沂南县灵山村、莒南县孙家柳峪村等，畜牧产业在助力精准扶贫中为乡村发展带来了巨大变化。

一、加强组织领导

临沂市畜牧局和各区县畜牧局分别成立扶贫开发领导小组，并选任领导干部和班子成员任组长、副组长，各科室负责人为成员，统筹协调，宣传落实上级在畜牧业方面的相关扶贫方针和政策，并制订当地畜牧业扶贫工作计划。按照因户制宜、因地制宜的原则，在各区、县、村重点发展奶牛、生猪、蜜蜂、长毛兔、肉兔、奶山羊等高效特色养殖业和优势产业，开展畜牧业精准扶贫工作。

在畜牧兽医的管理体制上进行改革，建立完善的市、县、乡(镇)、村四级体系，从人员设置、办公条件、设施设备、装备水平到机制体制不断提高。在农村基层增设检疫站，逐步完善动物的卫生检疫工作，降低动物患病率，使养殖户的经济效益得到保障。各级政府及时组织农村动物检疫人员掌握和学习检疫的最新要求，并宣传、解读动物检疫的相关法律法规，提高农村群众在养殖、屠宰、交易等方面的责任意识。建立对畜牧业重点工作的监督考核制度，完善市、县、乡(镇)、村四级责任人员的监管体系，通过项目跟踪层层落实责任，完善网络化监管体制，在组织的领导下，不断加强制度建设，在临沂市的畜牧系统中营造健康向上的氛围。临沂市建成标准化动物检疫申报大厅92处，动物产地检疫率和检疫数量均居全省第1位，2019年8月1日，全国动物检疫现场观摩暨业务培训会在莒南县召开，推介宣传了动物检疫工作“临沂经验，莒南做法”。

二、养殖技术支撑

在市级和县级畜牧部门中成立专家服务团，并与第一书记专家服务团共同开展贫困村的畜牧养殖项目，包括对政策法规、市场动态、疫病防控、养殖技术、建设布局、场区规划等工作的科学宣传解读。临沂市的这支畜牧专家队伍先后为山东省政协、山东省委组织部、山东省药品监督管理局、临沂市司法局等第一书记任职时提供了技术服务和规划指导，帮助近万名群众解决养殖难题，有力推动了农村扶贫工作的开展。

早在2006年临沂市就率先引进生态环保的养猪技术，市政府从2008年开始大力推广该技术，并创新性地应用到肉鸭、肉鸡养殖中，有效地解决了养殖过程中的污染问题，探索出一条具有临沂特色的养殖新路径。生态环保的养殖猪技术受到国务院原副总理回良玉的认可，他对沂水县环保养猪技术的推广做出重要批示，生态养殖技术在全市范围内得到推广。

蒙阴县在养殖业发展中注重对高新技术成果的转化，积极与科研单位合作，益达兔业在全国率先掌握了兔毛后端服饰加工技术、兔毛前端分梳成纱等技术，推广应用生物除臭技术，通过指导服务、技术培训、参观考察等方式，使生物除臭技术在全市的肉鸡场、猪场推广使用，取得明显成效。

三、养殖合作社带动模式

在各村成立村级养殖合作社，帮助养殖户解决配种、种苗、采购饲料、饲养管理、销售等环节出现的问题，有劳动能力和养殖意愿的贫困户在养殖合作社的支持和帮扶下进行养殖。铜井镇灵山村在沂南县县畜牧兽医局派驻的第一书记带领下，针对村里养羊户多的实际情况，灵山村成立了沂南县富牧奶山羊养殖专业合作社和日兴兔业养殖专业合作社。富牧奶山羊养殖专业合作社与当地农户签订协议，以保护价来回收羊奶，改变了以前养殖山羊只卖羊的单一收入模式，如今养殖奶山羊既可以卖奶也可以卖羊，贫困户养殖 3 头母山羊，每年可增收 1 万元左右，这样贫困户很快即可脱贫。日兴兔业养殖专业合作社通过家园兔业与贫困户牵线搭桥，签订包销商品兔的协议，兔仔满 35 天的，家园兔业养殖专业合作社将以不低于市场价的方式回收。贫困户在养殖中不断增收，让更多的贫困家庭看到了脱贫致富的希望。养殖合作社与临沂市畜牧局、临沂市农业广播电视学校、临沂市残疾人联合会联合开展人工授精技术、饲养管理技术等多次培训，贫困户、残疾人等通过培训，饲养水平得到提高，仔兔的成活率、育成率达 90%以上。

四、龙头企业带动

畜牧龙头企业积极参与产业扶贫，利用其带动能力强、用工多、辐射面广的优势为脱贫致富助力。一是提供就业岗位。为贫困户中有劳动能力和就业需求的人员提供就业岗位，使贫困户以就业的方式脱贫。沂南县华宇食品有限公司在第一书记帮扶村时，投资 100 多万元建设食品加工点，为贫困户提供 130 个就业岗位；山东鸿雁食品有限公司为农村贫困户中有就业需求的人员提供了 32 个工作岗位，使他们上岗就业后平均年收入超过 3 万，帮助他们以工资收入的方式脱贫致富，该公司在提供就业岗位的同时，还帮扶定向扶贫户 100 个，先后发放生活补贴 30 万元。二是产业互助合作。山东鸿雁食品有限公司帮助很多贫困户通过畜禽养殖实现致富，对一些有养殖意愿却没有投资能力的困难户，在资金和技术上为其提供支持，解决贫困户在资金、技术和销路上的后顾之忧。三是托管帮扶。沂南县家园兔业养殖专业合作社把 28 位残疾人的 5.6 万元扶贫专项资金以入股方式投入合作社，在 3 年内以返本分红的方式使残疾人获得收益。沂南县的 42 家屠宰企业分别帮扶贫困户 30~50 户，特别是在兜底扶贫中将没有劳动能力的贫困户纳入其中，使其共享畜牧业的发展成绩。

五、发挥第一书记的作用

市级、县级畜牧局在本单位选派优秀业务骨干和技术人才出任第一书记。在第一书记的带领下,集中力量攻坚,第一书记任职的村子成为畜牧产业扶贫工作的主战场,且大都成为当地扶贫的亮点村。临沂市畜牧局的班子成员多次在莒南县孙家柳峪村进行调研,并召开现场办公会议,临沂市为孙家柳峪村先后争取了 220 万元资金,第一书记闫永健与村干部共同规划脱贫致富的路子,在村里新建精品养猪场和标准化奶山羊养殖基地,探索建立“按羊分红、集中饲养、动态管理、村户受益”的长效机制,建成后该村的年收益不断提高。

第一书记闫永健通过走访,发现孙家柳峪村有畜牧养殖的传统,村民对发展养殖业比较容易接受,加上闫永健有在畜牧单位工作的经历,于是决定在此发展奶山羊养殖业。闫永健为确保奶山羊养殖专业合作社的良性运作,动员村干部参与其中,在闫永健入村以来,以党建为抓手考察和培养新的村委会班子,孙家柳峪村的村委会班子成员整体上非常年轻,工作认真,办事效率高。

为加大畜牧产业在扶贫中的力度,莒南县孙家柳峪村规划建设蔬菜大棚和生猪养殖项目,由合作社对种植、养殖基地的运营进行管理,在市场价格稳定的情况下,每年能给村里带来 10 多万元的收入。目前,孙家柳峪村在引入畜牧产业项目后已全部实现脱贫,被纳入合作社的贫困户,在项目中得到了分红,摆脱了贫困的生活。临沂市充分发挥在农村发展畜牧行业的优势,畜牧扶贫攻坚取得了显著成效。

第五节　农村电商 助力精准扶贫

在全面建成小康社会的进程中,短板在农村,难点在农民,所谓缩小城乡之间的差距,就是要使农民摆脱信息不对称为其带来的困境。农产品品种丰富但却在销售上存在问题,在农村发展电商可以减少农产品流通的中间环节,使农产品更加便捷地走入城市市场。近几年农村电商的蓬勃发展,让农民切身感受到了农村电商在增收致富中的作用。

临沂市把电商发展作为乡村振兴的有力抓手,大力支持电商平台入驻农村，帮助农民销售和推广农特产品，推动一、二、三产业转型，积极培育并壮大电商发展的新模式、新业态，为各乡(镇)、村探索出一条适合自身实际的电商之路。

一、临沂农村电商助力精准扶贫的路径

1. 培育电商人才

把精准扶贫作为目标，把培养实用型技能人才作为重点，大力培育电商人才，优先面向农村妇女、创业青年、贫困户等群体开展电商培训，对大学生村官、第一书记、返乡青年、村里致富带头人、电商创业带头人开展分类、分层次的电商培训，定期举办与农村电商相关的专题讲座。整合科技、人文、团委、妇联、残联等各级组织部门，在农村开展现代农业技术、网络生产和加工、网络宣传和营销等技能知识的培训。另外，还组织农村电商代表和扶贫干部到电商发展先进的地区进行学习进修，从根本上提升电商人才的技能水平和素质，并着力打造“以一带多”的电商扶贫模式。

在高校和职业技术院校增加与电子商务相关的专业，提高电商专业教师的师资水平，政府和学校对学习电子商务相关专业的贫困学生进行帮扶，并积极支持毕业生回乡创业，带动家乡发展致富。

2. 建设电商服务体系

各开发区、县区积极扶持当地的电商公共服务中心，特别是支持以电商龙头企业、货物仓储、网络供应、网络服务、物流配送、政策咨询、人才培训为一体的电商公共服务中心。自2017年起，各开发区、县区都要建成由政府主导的电商公共服务中心，并加强对其的孵化和综合服务功能的建设。

依托京东、淘宝等知名电商平台，开展电商“百乡千村”公共服务工程，在重点乡镇建设标准的电商公共服务站，在具备条件的贫困村新建农村电商服务点，并鼓励在农村邮政局所、快递网点、村邮站等改造电商服务点，把农村电商打造为集服务、商务、政务于一体的综合服务点。村镇级电商服务点的面积不小于25平方米，村级电商服务点的面积不小于10平方米，电商服务点周围应有不少于200人的常住人口。2019年《临沂市农村电子商务公共服务站点建设与服务规范(暂行)》明确规定农村电商服务点的硬件建设标准，服务点在村内有固定的场所，运营场所悬挂统一标识牌，必须具备网络化办公条件，配备电脑、

快递货物架、WiFi 等硬件设施。服务点配备至少 1 名以上对电商业务熟悉的工作人员，以便对服务区域内村民的实际需求进行摸底统计。

3. 建设网络货品的质量追溯平台

制定网络销售农特产品、林产品生产加工质量标准，建设网络货品的质量追溯平台，从原产地保证作品的质量，为农村产品提供食品生产许可证等服务，并在流通环节进行质量监督监管。临沂市根据产业发展的特点，充分发挥生态沂蒙，绿色农产品和商城优势，对适合网络销售的优质产品进行筛选，并紧跟市场需求，培育了一大批通过网络销售农特产品的销售人员。对从事网络货品销售的企业，质量监督、检验检疫部门要提供相关指导，建立标准和规范，提高产品质量和信誉，不断完善质量追溯平台，实现对临沂市农产品质量安全的追溯管理，在为社会提供安全优质产品的同时，建设临沂品牌。

4. 大力发展电商+农产品+乡村游

临沂市积极整合当地的文化创意品牌和旅游资源，大力发展电商+农产品+旅游的精准扶贫方式，通过激发消费者追溯农产品产地的兴趣的方式，带动乡村生态旅游；乡村旅游景区门票的订购可以通过网上进行，游客可以在景区体验吃住游一体化的服务。景区在提供旅游服务的同时销售当地农副产品，使游客对旅游景点加深认识，促进未来线上农产品销售。电商平台不仅销售传统农产品，还提供优质的农村文创产品，为入驻企业提供多样化的产品形态，把乡村产品、电商与乡村观光旅游相结合，实现利益最大化。

二、临沂农村电商典型案例

1. 沂水县：发展农村电商，打造便民服务圈

在互联网+背景下，电商的发展给农村生活和经济的发展带来了巨大改变，沂水县抓住机遇，大力发展农村电商，在全县建设了 18 个镇级电商服务中心，218 个村级电商服务站点，初步建设完成了县、镇、村三级电商服务体系，在家门口为农民群众提供一站式服务。

沂水县推出“互联网+服务”的新模式，依托各乡村的电商服务点，不断拓展为民服务功能，在各乡村为农民群众提供便民服务，为乡村振兴助力。特别是在春耕秋收时节，当地的电商服务点不仅帮助农民购买农资，还会帮助急于使用或运送不便的农民运送化肥和种子等，电商服务点的服务受到了当地百姓的称

赞。在沂水县沂城街道的双龙社区,电商服务点虽然占地不大,但是服务范围广,服务项目多,业务辐射双龙社区和周边的村庄,提供信息咨询、车票预订、电子缴费、快递代收发、网络代销代购等服务,集多种服务功能于一体。在农村快递物流与电商的协调发展下,县、镇、村的物流和配送体系也逐步完善,农民也可以在网上购买东西,优质的产品将通过电商物流进入百姓家中,给农民生活带来了极大的便利,提高了农民的生活品质。在当地政府的指导培训下,沂南县各乡镇的电商服务点根据农民的实际需求,不断扩大服务范围,农民也可以通过手机购买必需物品,货物直接送上门,并且还有各种优惠福利券等。

目前,沂城街道建成了7个农村电商服务点,举办了2期电商培训班,培训300多人,包括26名建档立卡的贫困户,下一步沂城街道将加大对农村电商人员的培训力度,不断提高工作人员的服务意识和服务水平,并对电商服务站点的环境进行优化,以便更好地服务当地群众。

2. 临沭县:直播带货,帮助村民致富

临沭县充分利用自身发展电商的优势,从做优做强、完善服务、示范先行、搭建平台、创优环境等方面开展电商扶贫工作,走出了一条电商+直播+助农的新路子。在政策的大力支持下,临沭县在销售中运用互联网思维,让农产品通过互联网平台升值,实现电商产业带动农村脱贫致富。

打造双创机制,一方面,对电商人员进行免费培训,鼓励贫困户开办网店,利用电商进行创业,销售当地特色农产品,打造电商扶贫示范店;对种养大户、农村经纪人、农业合作组织提供支持,帮助其加盟知名的电商平台或自建农产品销售平台,使网上交易更加规范有序。另一方面,引导和鼓励电商团队、企业吸纳贫困户,为了更好地发展电商平台,招募乡村推广员,深挖当地特色产业,在网络平台精准对接销售渠道,打造临沭电商品牌。

2015年青云镇白旄西居创建了临沂市首个“淘宝村”,投资500万元建设柳编小镇,建立电子商务孵化中心。青云镇的周官庄村,在电商带货主播管其龙的努力下,已为柳编编织户、创业青年、贫困群众等提供多次直播带货培训课程,带动200多名贫困户从事电商直播等工作。电商直播带货无论是在城市还是在农村,都是经济转型发展的新手段,青云镇利用直播平台,使更多当地的农民和贫困人员销售家里的农产品,让农民成为“网红”。这种无须通过中间商,自己带货的模式,提高了农民的经济效益。

在新冠肺炎疫情防控期间,农村紫薯滞销,临沭县副县长进入直播间,为家乡农产品做代言,政府、农户、商家齐上阵,网络直播不到2小时,就卖出去5万千克紫薯。在直播中,紫薯的种植户带着直播间的10万名网友云参观了紫薯种植基地,从种植现场到室内,展示了各类紫薯食品的做法,供货的农户还在直播间表演如何做紫薯卷。临沭县政府还在第一时间与拼多多平台进行合作,通过"爱心助农"专区,借助电商力量,开拓农产品线上新渠道。在"政府搭台,电商唱戏"中,临沭县成为拼多多首批农货产销对接的合作伙伴,探索"直播+拼购"的销售新模式。在此之前,临沭县紫薯的销售70%都是通过线下进行的,在"爱心助农"活动之后,农户纷纷尝到甜头,开始开设网店,自己做起了主播。在乡村振兴背景下,直播电商缩短了城乡之间的供需距离,成为农村精准扶贫的新模式,既使农户实现了收益最大化,又使城市里的百姓食用上了健康果蔬。在双方驱动下电商的配送效率也显著提高。

临沭县依托柳编和电商产业发展的优势,为传统产业赋予新的销售模式,将贫困乡镇和村庄的特色产品相结合,利用电商进行品牌培育、市场开发,特别是在直播带货中销售柳编产品、地瓜、鲜花、蔬菜等,产业链不断完善,附加值得到提高,实现电商与精准扶贫共同发展。

除了沂水县和临沭县,临沂市还积极鼓励各县区对接苏宁、京东、阿里等知名的第三方平台,开展农村的电商扶贫项目和电商战略的务实合作,并在各地区建立地方特色馆,着力打造蒙阴县"蜜桃网络文化节",扩大临沂农特产品在网络上的销售规模。

第六节　产业扶贫路上的"领头雁"

一、沂水县产业发展

沂水县坚持走产业兴农之路,让现代农业"强"起来,围绕一、二、三产业深度融合,大力发展农业"新六产"。2020年沂水县建设提升15个现代农业园区,全县县级以上现代农业园区发展到119处、占地18.12万亩;深入推进实施泉庄尹家峪、院东头峙密山居等田园综合体建设;打响了"沂水十品、让人放心”的地域特色产品品牌，获得“三品一标”认证79个，被命名为“山东省级农产品质量安全县”“国家级电商进农村示范县”。围绕发展适度规模经营，积极培育新型农业农村经营主体。支持龙头企业、农民合作社、家庭农场和专业大户发挥引领示范作用。目前，沂水县的农产品加工企业多达520家，其中市级以上重点龙头企业62家；全县工商注册合作社2 215个，工商登记家庭农场917个。围绕稳步提高农业综合生产能力，全面加强农业基础设施建设。扎实推进农村土地整治和高标准农田建设，稳步提升耕地质量，划定粮食生产功能区，确保粮食种植面积稳定在75万亩左右，总产量稳定在30万吨左右。实施农机化示范县工程，提升农业机械化水平。

从容发展分类推进。各地经济基础、资源禀赋不同，发展要求和标准不同，不搞“一刀切”，严格按照“宜农则农，宜工则工，宜商则商，宜文则文，宜旅游则旅游，宜生态则生态”的发展思路打造乡村振兴的典型。立足韭菜、生姜、苹果等特色优势农产品，叫响“沂水十品”区域公用品牌；在农产品深加工上做文章，大力发展休闲食品、航空食品；在旅游景点的打造上下功夫，全力冲击5A级景区，打造“山东好客·沂水情长”形象品牌，让全域旅游成为乡村振兴的动力引擎。各乡镇根据自身特点，发展优势产业，例如，泉庄镇要加强尹家峪田园综合体建设，做好“沂蒙花开”展馆的宣传、体验、开馆工作，深入推进农旅结合；院东头镇要立足“沂蒙红嫂”文化和溶洞旅游体验，创建红色教育基地和中小学生研学实践教育基地；黄山铺镇要沿胜利河发展现代农业园区，建设高标准设施农业，吸引小农户抱团发展，成立合作社，打造南果北植的聚集地、产销地，形成“一村一品，一镇一业”的格局。

1. 院东头镇生姜产业联动发展

院东头镇不断创新探索，立足乡镇4万多亩生姜田的资源优势，年产16万吨生姜，被认定为国家级无公害生产基地、农产品地理标志、有机食品生产基地等，生姜专业示范镇。院东头镇不断延伸“姜”产业链条，成为乡村振兴路上的亮点乡镇。一方面为优化生姜的品种结构、提升产品质量，构建了生姜现代农业的生产体系，产量和质量得到不断提升。另一方面鼓励农业技术人才、个体工商户、外出务工农民返乡投资本地生姜产业，通过创办家庭农场、培育种植大户等方式，推进规模化、规范化种植。与山东农业大学、复旦大学等开展合作，对当地的土壤、水源、肥料等进行科学分析，用科学的检测方法提高生姜产量。依托当地的物流市场和储存条件，在本镇以外适合种植生姜的土地种植生姜，充分利用当地的廉价劳动力和资源。在品牌建设上重视融合营销，院东头镇生姜入选"沂水十品"，依托镇中旅游资源，在景区设生姜展销区，拓宽融合营销渠道，使线上与线下相结合，并与美莱网签订合作协议，利用电子商务推广销售。

建设生姜观光园，利用乡镇内的纵横地形、层层梯田，用旅游的视角打造生姜现代示范园区，在院东头镇旅游一票通中纳入了生姜农耕文化，可以向游客更好地展示四季姜景。在生姜示范园区内改善交通设施和环境，整合示范园区内的农业旅游资源，在全镇打造每处都是生姜园，每处都是风景区的农旅融合新模式。院东头镇已建成20处生姜观光园，每年吸引游客多达6万多人。

设计生姜产品专用包装，消费者可以通过包装追溯生产信息，也可以利用短信、拨打电话、超市触屏系统、网络查询等方式查询生产信息。在生姜产业链的发展中积极引入二维码、物联网、大数据等现代信息技术，在生姜生产、流通的各个环节实现信息化管理，线上线下都可追溯产品信息。

大力开发生姜旅游产品，利用景区的旅游超市、当地的商场销售生姜产品，在扶贫资金的支持下建设了姜茶、姜糖等深加工企业，提高了生姜的附加值。依托山东沂蒙山酒业有限公司，利用国际领先技术，对生姜进行深加工，生产生姜粉、姜黄素、姜油、姜辣素、生姜膳食纤维等，这些产品广泛应用于化妆品、保健品、药品、食品等行业，成功实现了生姜产业的联动发展。

2. 吴家楼子沂蒙小棉袄

沂水县杨庄镇吴家楼子村在脱贫致富带头人吴照的带领下，通过吸纳村民，不断扩大生产规模，注册成立了沂水益农电子商务有限公司，把沂蒙小棉袄做成了产业，并抓住微商热潮发展微商平台，利用电商开展对特色农副产品的营销。企业在发展壮大的同时，贫困户也增加了收入，成为乡村振兴的示范。

2013年吴照从外地返乡回吴家楼子村创办手工棉袄加工厂，主要生产中老年和儿童纯手工棉衣，沂蒙小棉袄在2017年被评为市级非物质文化遗产。在政府的大力支持下，工厂从10名工人发展到50~60名工人，从单一生产手工缝制棉袄到民间手工艺品制作、工作服加工、棉袄加工等，工厂的发展规模逐步扩大。产品舒适大方，具备手工制作技艺，适销对路，受到消费者青睐。2019年沂蒙小棉袄已登上国际市场，受到国际客商青睐，在2020年的出口创汇中创下100万美元的业绩。

一是深入挖掘资源，沂蒙小棉袄“非遗+”的新模式满足了社会对手工艺品的需求，产品供不应求，受到市场青睐。手工缝制小棉袄的技术比较易学，工作地点和时间灵活，充分带动了当地农民参与的积极性。杨庄镇镇党委也将扶贫资金投入该项目中，企业生产能力得到提升，同时充分挖掘沂南县优秀的非物质文化遗产资源，开设木艺、剪纸、泥陶、染坊、手绣、织布等手工坊，通过民俗展厅，提升沂蒙小棉袄的影响力和知名度。二是“一业为主，多元发展”，做好沂蒙小棉袄这一基础产业的同时，扩大生产规模，通过送料上门，让农民足不出户即可参与小棉袄的制作，并使其年收入增加 1 万元以上。沂水益农电子商务有限公司还利用微商把周边的苹果、草莓等特色农副产品销往海内外，带动周边村经济发展。三是促进乡风文明发展。针对吴家楼子村无人照顾的留守儿童，沂蒙小棉袄在政府的支持下，开办了山村里的国学班，为 30 多名留守儿童、贫困儿童传授国学知识；依托农家书屋成立“乡村大舞台”“贫困儿童之家”，举办各类文艺演出，依托沂南县共青团承接大学生社会实践活动，不断传播乡风文明。沂蒙小棉袄产业不断发展壮大，杨庄镇也形成了一个集手工棉袄制作、设计和推广、电商、旅游、非遗、研学为一体的产业链条，实现产业振兴。

3. 院东头镇桃棵子村“农文旅”融合

沂水县桃棵子村是国家级的贫困村，位置偏远、土地贫瘠、山道崎岖，经济发展较为落后，这里的村民一直过着贫困的生活。近年来，该村立足沂蒙精神和沂蒙“红嫂”精神，挖掘红色文化，打造红色文化、红色旅游、爱国主义教育基地，已逐渐发展为“三同”、党性、红色革命教育基地，桃棵子村民委员会被评为省级干事创业好班子，桃棵子村被评为省级乡村振兴示范村。桃棵子村已成为省市级 40 多个单位的爱国主义和党性教育基地，每年接待游客和学员近 10 万人次。

院东头镇党委政府多次到桃棵子村考察探讨，与桃棵子村民委员会班子共同确定了利用传统村落特色、绿水青山，借力红色文化，发展红色乡村旅游的发展思路。镇党委组织该村带头人去河南郭亮村和重渡沟、陕西袁家村、江苏窑湾镇考察学习，学习外地乡村旅游的成功经验。桃棵子村民委员会班子又先后去费县、兰陵、蒙阴等地学习取经，旅游产业带来的巨大效益使棵桃子村发展红色乡村游的决心更加坚定。为此，院东头镇聘请了专家对村子进行整体规划，通过社会捐助等渠道，筹集资金 20 多万元，征集与“红嫂”祖秀莲相关的照片 200

多幅，收集能够体现民俗民风的实物生产工具900多件，建起了沂蒙“红嫂”祖秀莲纪念馆，同时建造了知青老屋，根据旅游设计的整体规划，打造了2 000多平方米的穿村漫游道，1 000米的景观溪流，并在村里新建了水面景观和体育广场。

不断提升红色旅游文化内涵，把桃棵子村打造成红色革命教育基地。在桃棵子村先后拍摄了微电影《母子情缘》《沂蒙红嫂祖秀莲》和电影《人民，我的母亲》，出版了《鱼水情乡桃棵子》和《沂蒙红嫂祖秀莲》2本书。在乡村振兴战略的实施下桃棵子村抓住发展机遇，从单一的红色旅游，发展为集文创、影视、摄影、康养、教育、观光等项目为一体的旅游综合体，该村红色旅游产业不断发展，吸引了很多文学、摄影、运动爱好者来此采风。桃棵子村的“农文旅”融合发展成为沂水县的红色名片。

二、平邑县“小罐头”成大产业

平邑县地方镇在2020年被评为“全国农业产业强镇”，还被评为“罐头特色小镇”“中国罐头第一镇”。平邑县利用罐头产业，在企业发展、机制创新、政策扶持和电商带动下，注重打造多机制创新农业，融合多种功能，建成集产业聚集、三产融合、生态宜居、旅游观光于一体的罐头产业强镇。

探索产业化运营模式，探索党支部领办“合作社+果农+企业+基地”的模式，对山楂、黄桃等的收购实行保护价制度，规避市场风险，为农民解决后顾之忧，让果农、合作社、龙头企业三方共赢。平邑县地方镇现已成立11个党支部领办合作社，130个专业的种植合作社，入社的社员平均年增收1.5万元。在村企共建机制上创新，在各村资源优势和产业基础上，充分发挥罐头企业技术、人才、资本优势，积极推进农村和企业联合建设，实行差异化、多元化发展，合作共建农业科技示范基地，不断改造提升山楂、黄桃种植基地。地方镇还加强与国内高校、中国罐头工业协会、国际食品安全协会等机构的合作，成立研发中心，开发苏打水、木糖醇、阿拉伯糖、低糖草莓等高端产品。

做强龙头企业。以康发、奇伟、玉泉等企业为龙头，全方位支持这些企业的人才创新和技术改造，使企业朝着集团化方向发展，着力打造一批十强企业。在地方镇，与罐头产业相关的企业有90多家，其中有68家罐头加工企业，3家中国罐头十强企业、2家出口十强企业，有4家企业被评为省级示范企业，在地方镇形成了以加工罐头为主导，制作玻璃瓶、铁罐等容器，物流运输，信息中介等相关行业共同发展的局面，带动地方镇及其周边百姓就业，年产值实现90亿元。

鼓励支持罐头企业加快技术改造，从过去较为低档的加工转变为高端制造，新上了12条智能生产线，并配置了最先进的色谱仪、农残速测仪器、超声波清洗机等设备，用国际化的标准和质量进行生产，通过了BRC、IFS、FDA、HACCP等国际认证，获得了国际社会的认可。

大力发展罐头的区域品牌。引导当地企业着力打造区域性品牌，使地方镇的罐头加工从没有品牌、贴品牌向名品牌转变，目前拥有3个中国驰名商标，12个山东著名商标，并与俄罗斯、德国、美国等国家的企业合作，使产品进入国外大型超市。山东玉泉食品有限公司的蒙水罐头成为上海合作组织青岛峰会的指定食品，康发罐头也被联合国选定为果蔬罐头采购供应商。

罐头企业不断提升产品的文化内涵，特别是在罐头的外包装上，融入现代创意设计和文化，以满足年轻消费者的需求。如康发研制的“楂不散”“梨不开”“桃不掉”唯果恋系列，在产品的设计上非常新颖独特，深受年轻消费者的喜爱，该系列产品线上销售额突破了6 000万元；玉泉研发出了微产品“恋果缘”系列，方便携带，适应快节奏，便携式生活，销售额也突破了5 000万元。培育跨境电商，对接罐头产业，对现有的海外销售渠道进行整合，利用“互联网+”，为海外提供跨境订单服务，将罐头产品出口到全世界50多个国家。

第八章

沂蒙人才助力乡村振兴

实施乡村振兴战略，必须解决人才瓶颈问题，尤其要在吸引年轻人返乡创业上，出台强有力的政策和保障措施，让农村成为创新创业的热土。为深入贯彻落实中央、省、市关于实施乡村振兴战略的重大决策部署，为乡村振兴打造齐鲁样板，乡村人才振兴专班围绕乡村人才振兴重点工作任务，大力实施“四雁”工程，开展以配强村班子为核心的“头雁”工程、以人才回乡为核心的“归雁”工程、以培育乡土人才为核心的“鸿雁”工程、以壮大新型经营主体为核心的“雁阵”工程，为乡村振兴储备各类人才。着力健全完善“目标、保障、培养、评价”四个体系，做好“引”“育”“留”结合，激发各类人才参与乡村建设的积极性，助力乡村振兴。

第一节　临沂人才助力乡村振兴

一、健全机制，构建人才保障体系

聚焦打造高水平人才队伍，健全“三个机制”。

一是健全组织机制。乡村人才振兴专班成立以来，各成员单位全面梳理重点工作任务，并对存在的问题进行落实，利用乡村人才振兴专班有序推动各项工作的开展，通过微信工作群加强成员单位交流互鉴，最终形成既分工协作又齐抓共管的新工作格局。

二是健全政策机制。聚焦基层人才队伍短板，构建人才政策体系，制定出台了《关于实施“四雁”工程强化乡村振兴人才支撑的意见》《关于推进乡村人才振兴若干措施的实施意见》《关于深化职称制度改革的实施意见》《关于进一步引导和鼓励高校毕业生到基层工作的实施意见》《临沂市优秀乡镇农业技术人员评选办法》等政策，完善了基层人才供给评价保障机制，激发了基层人才干事的创业活力。

三是健全考核机制。发挥考核指挥棒作用，将乡村人才培育工作纳入市对县乡村振兴实绩考核中去，细化具体的评价标准和考核指标，使各级各部门可以有效地调动乡村人才振兴发展的积极性。

二、拓宽渠道，完善人才引进体系

结合乡村经济社会的发展现状，坚持高端引领，大力实施人才“回引计划”，为乡村振兴的发展提供“源头活水”。

一是对接现代高效农业高端人才需求。结合泰山产业领军人才工程，2019年引进6名高效生态农业创新类高端人才，其中，沂水隆科特酶制剂有限公司的徐毅教授入选“泰山产业领军人才”，2020年引进7名人才，已推荐到山东省农业农村厅。

二是开展专家服务基层活动。近年来，组织并实施了郯城行活动、专家为乡村振兴提供智力服务等8次大型专家服务基层活动，邀请市级以上农业、卫生、工程等各领域专家189人次，开展技术讲座128场，培训各类基层技术人员3 000余人，解决技术难题600余个。这一基层活动受到了基层百姓和群众的欢迎。

三是加大县乡事业单位公开招聘力度。通过放宽学历、专业、年龄、户籍等条件，允许适当降低开考比例，或不设开考比例划定合格分数线等措施，鼓励支持高校毕业生下基层。持续扩充基层人才队伍。

四是实施大学生“三支一扶”招募计划。2006年起，通过实施“三支一扶”招募计划，累计招募4 144名大学生充实到基层支医、支农、支教和扶贫一线。2020年全市共招募206个岗位428人。

五是开展“业务院长”帮扶工作。发挥“业务院长”帮助和促进基层医疗机构提升服务能力的作用，带动卫生院快速成长。全市69名业务院长共为乡镇卫生院建设特色专科101个、建立双向转诊通道161条，举办培训班900多期，培训27 000多人次，支援设备2 463万元。

三、以用为本，建设人才培养体系

围绕乡村振兴人才需求，着力开展“一项试点”，实施“三个计划”，持续优化基层人才结构。

一是开展新型职业农民职称评定试点工作。为建立本土人才不断成长的长效机制，2020年10月临沂市正式启动针对新型职业农民职称评定试点工作，印发《临沂市新型职业农民职称评定管理暂行办法》(临人社规〔2020〕2号)，创造性地开展了分级现场考察，共评审通过高级职称 20 人、中级职称 80 人、初级职称 200 人，现已完成核准公布和证书发放工作。

二是实施高素质农民培训计划。通过建立培训对象库在全市招募农民，成立培训讲师团，科学设置课程、细化行业产业，为有意愿、有需求、有基础的农民提供精准有效的培训，同时提供跟踪服务，建立长效机制。2019 年总培训人数达到 4 387 人，总评价率达到 98.4%。

三是实施技能人才提升计划。聚焦乡村实用型人才培训培养和技能水平提升，独具特色的产业技能人才提升活动，深化"劳动之星"职业技能竞赛，在中式烹调、汽车维修、电工焊工等行业中培养、选拔、扶持农村人才，提升其技能水平和管理能力。

四是落实各类人才定向培养计划。落实好省定公费师范生、公费医学生、公费农科生招生计划。2020 年临沂市公费师范生招生计划 600 人，公费医学生招生计划 198 人，公费农科生招生计划 48 人。

四、深化改革，优化人才评价体系

着力完善基层职称评价标准，吸引更多的专业技术人才扎根基层、服务基层。一是完善基层评价标准和评价方式。推行分级分类评审模式，基层人员单独分组、单独评审，对在乡镇专业技术岗位工作的专业技术人才(医疗卫生专业除外)放宽所学专业要求，降低基层人员申报门槛。二是在山东省内首批推广"双定向"基层职称评审制度。在全省首批开展基层职称评审工作，基层卫生人员三个年度共评审通过高级职称 403 人(副高级职称 374 人，正高级职称 29 人)，基层中小学教师首年度共评审通过高级职称 3 303 人(正高级职称 15 人，副高级职称 3 288人)，调动了教育专业技术人员和基层卫生人员的积极性、主动性和创造性。三是率先贯彻落实基层"直评直聘"政策。在职称评审工作中全面贯彻落实基层"直评直聘"政策，充分释放基层职称改革政策红利。截至 2020 年 12 月，通过"直评直聘"政策获评中级和高级职称的人员共 9 995 人，让基层专业技术人员可以突破岗位限制晋升职称，这一方式使更多的专业技术人才的积极性得到提高，为更好地推动乡村发展做贡献。四是优化乡镇事业单位岗位管理。深化"放管服"改革，将事业单位岗位设置核准权限下放至县区，核准基层卫生高级专业技术岗位 630 个(含正高级专业岗位 56 个)，拓宽了基层人员的晋升空间，激发了基层人员的创新活力。五是强化乡镇农业技术人才激励措施。制定并出台《临沂市优秀乡镇农业技术人员评选办法》(临人社发〔2019〕30号),在评选条件、评选程序、奖励措施和动态管理等方面进行了规范,有利于加强乡镇农业技术人才队伍建设,服务乡村振兴大局。

五、资源共享,搭建引才聚才创新平台

聚焦基层发展对人才智力的需求,重点强化“三个平台”建设,打造引才聚才“加速器”。一是强化博士后科研平台建设。鼓励涉农企业申报博士后科研工作站和省创新实践基地。目前,临沂市共设立博士后科研工作站27家,博士后创新实践基地15家,其中涉农类企业有13家,涉及肥料、农业机械、农产品加工等,依托博士后科研平台开展科研工作,助推了企业产学研用的有机结合。二是强化专家基地示范平台建设。加强专家服务基地建设,提高创新能力,优化资源配置。2018年以来,临沂市获评5家专家服务基地和6家省级乡村振兴专家服务基地,成为区域发展新动力。三是强化继续教育基地建设。按照“优化布局、突出特色、资源共享、注重实效”的原则,大力加强平台建设,为基层专业技术人员提供继续教育服务。2019年申请设立了2个省级继续教育基地,其中1个为乡村振兴类基地,同时,率先开展认定了12个市级继续教育基地,其中6个为乡村振兴专项基地。2020年拟批复6个市级乡村振兴继续教育基地,为未来乡村振兴人才的培训提供平台。

六、当前形势和主要问题

培育方式较粗犷,人员素质提升较慢。一是培训内容与实际需求有偏差,主要将农业种植、养殖管理等技术作为主要培训内容,现代农业发展中的新需求难以满足;二是培育方式较为单一,实践教学的模式推广力度不够大,覆盖人群不够广;三是培训管理机制不科学。在人才培养方案上没有对不同的产业类别进行有效区分。

引才育才市场化参与程度不高。农业企业大多是处于起步期的初创企业,往往以扩展业务为战略核心,人才管理经验缺乏、基础薄弱,没有建立有效的管理机制和人才引进体系,发展理念还未完全转变到依靠人才、科技上来,引才育才主要依靠政府,企业招才引智的积极性不高。

七、临沂市人才支撑工作计划

瞄准产业需求，开展精准化人才引进。注重发挥各类涉农企业的主观能动性，为其搭建与人力资源服务机构、科研院校、技工院校等主体的沟通桥梁，引导企业精准引才。对高校毕业生可实施基层成长计划，鼓励、支持高校毕业生返乡创业。继续开展“三支一扶”招募工作，鼓励大学生到基层工作。

实施百万职业农民技能提升计划。在不断丰富培训内容、创新培训方式、健全培训管理机制的基础上，重点依托继续教育基地、新农人培训中心等，对新型职业农民中的专业技术人才开展继续教育，并开展农村劳动力向城镇转移和向非农产业转移的相关培训。加大对高级技能人才的培训力度，加强对高级技能人才队伍的建设，大批量培养具有工匠精神和专业技能的人才。

加强乡村人才平台载体建设，提高服务质量。推动乡村振兴专家服务基地、服务乡村振兴继续教育基地的建设发展。依托乡村振兴专家服务基地，对接现代高效农业高端人才需求，开展专家服务基层活动，充分发挥专家的带头示范作用。

第二节　驻村第一书记的脱贫担当

2012 年起，山东省就开始从各企事业单位、党政机关中挑选作风正派、政治素质过硬，并且愿意投身农村工作的干部，到贫困村担任第一书记，为贫困村脱贫致富，农民增收贡献力量。2014 年，国务院扶贫办等七部门在《关于印发〈建立精准扶贫工作机制实施方案〉的通知》中提出“建立干部驻村帮扶工作制度”。2015 年，中共中央组织部、中央农办、国务院扶贫办联合印发《关于做好选派机关优秀干部到村任第一书记工作的通知》，规定了第一书记的人选条件、选派范围、管理考核、职责任务等的标准。随着事业单位、国有企业、后备干部、年轻干部等优秀人员的驻村，第一书记的机制不断健全。

临沂市是山东省脱贫攻坚的重点地区之一，截至 2015 年底，全市的贫困人口有 44.2 万，2016—2019 年，有 45.1 万人实现脱贫，到 2019 年贫困发生率基本为零。临沂市打赢了这场脱贫攻坚的硬仗，并在人才支撑上为脱贫注入了动力。

2012年以来,临沂从各机关单位共选派优秀干部8 275名,到4 067个贫困乡村中任驻村第一书记,全面覆盖扶贫工作重点村、省定贫困村、软弱涣散村。10年来,第一书记们在各自负责的村中以真抓实干、主动担当的精神,不断发展农村经济、夯实农业基础、破解发展难题。

临沂市把最优秀的干部派到脱贫攻坚一线,在火热的新农村建设过程中,各村第一书记始终冲在前面。入村开展工作以来依据村情村况,第一书记通过走访调研,先明确帮扶的重点方向,再根据村情确定帮扶措施,全身心地为百姓解决难题,包括改造村容村貌、帮助弱势群体、建设村委班子、引进脱贫致富项目等,带领乡村强党建、促脱贫、兴产业、聚民心,在脱贫攻坚的征程中高举乡村振兴的伟大旗帜。

为使沂蒙精神更好地在扶贫工作中内化于心,临沂面向第一书记创新性地实施“红色尖兵”工程,积极探索第一书记的星级评定制度,并开展“第一书记体验日”“第一书记大课堂”,以及征集与第一书记相关的标识等活动,在丰富多彩的活动中坚定驻村扶贫的理想信念,提升服务水平和工作激情。派出第一书记的单位,每半年要把单位主要负责的同志派到第一书记任职村,与第一书记“同吃、同住、同工作”,深入研究村内的各项工作。

一、依托绿水青山,开辟乡村振兴路

第一书记根据贫困地区的资源禀赋、生态环境等优势,选择适合本村经济发展的项目,在差异化发展的同时为贫困村注入持久活力。沂蒙山区的农民都是靠山吃山、靠水吃水的,蒙阴县野店镇的毛坪村环山而建,景色宜人,森林覆盖率达90%,是苹果的最佳种植地带,且红色资源丰富。在第一书记到来之前,这里的办公场所是20世纪80年代的石头瓦房,果园共有6 000多亩,灌溉主要靠农民自建的小池塘、蓄水池,运输靠人肩挑,村里没有集体经营的项目,还负债100多万元。第一书记通过调研,后确定了“党建引领、多点发力”的工作思路。

第一书记工作组依托丰富的果树资源,不断挖掘村里的产业和生态优势,发展现代农业。在第一书记的带领下,毛坪村争取到了180万元的资金,在村里建设农业示范园、水肥一体的灌溉系统、水肥池和标准管理用房,安装24小时监控器。与各大农业职业院校、科研院所进行产学研合作,提升当地苹果的品质;通过经营现代农业示范园,村集体每年可增收 10.8 万元。为了使苹果更方便储存、运输和交易,第一书记向政府争取了 400 万元的资金,建设了 2 260 平方米的交易场所、综合服务中心、恒温储藏库及配套设施,使村集体每年增收 20 多万元。投资建设电商交易平台,使毛坪村的果品也走上了线上销售之路。依托北纬 35°种植带的优势,第一书记工作组帮助村里注册了商标品牌,毛坪村北纬35°品牌苹果已销往 30 多个国家。第一书记深入挖掘毛坪村苹果产业优势,积极探索“电商平台+农户+村集体+龙头企业”的模式,走出了一条强村富民的道路。

在驻村第一书记入村前,毛坪村的广播站已经瘫痪多年,村里发通知需要挨家挨户跑或者打电话通知。为解决这一问题驻村工作组邀请了专业团队,为村子制定了通信方案,购买了对讲机、无线电接收设备、扬声器,在专业团队的安装和调试下,解决了村里通信的难题。在供电上,在供电部门的捐资下,改造了村内电网,并在新能源公司的捐赠下,完成了村内路灯建设。在生活生产用水上,驻村第一书记通过接收捐赠、整合资金等方式筹集 35 万元,对村里的塘坝进行深挖、清淤、加固处理,并新建 3 座塘坝,使果树灌溉用水问题得以解决。

第一书记依托村里优美的环境、山清水秀的生态资源优势,投资 60 万元打造精品民宿,附带修建 LED 路灯设施,安装 WiFi 和空调等。为改善村民们的生活质量,积极争取资金,建设农家乐、苹果文化广场、乡村大舞台等;挖掘当地红色资源,建设村史馆。驻村第一书记的驻村时间虽然很短暂,但是为农民服务却没有停止。在第一书记的带领下,毛坪村在短时间内旧貌换新颜。

二、依托党建,强化基层凝聚力

2018 年临沂市派第一书记工作组驻邬家岳河村,该村是库区移民村,村里共有 407 户、1 192 口人,其中共产党员 43 人,村“两委”成员 5 人,山林地有 1 100 多亩,耕地有 1 700 多亩。2017 年村里并没有集体产业项目,村集体收入仅为8 000 元。针对邬家岳河村的实际情况,驻村第一书记工作组严格按照市级和县级选派办和莒南县的工作部署和安排,坚持把党建作为总抓手,通过抓村委班子、带队伍等方式,提高该村基层党组织的凝聚力、创造力和战斗力,在党建中促进乡村振兴。充分发挥党员的带头示范作用,村级层面认真落实“三会一课”,定期开展组织生活会和民主评议党员活动,在每月的 20 日组织党员集中学习,村里的重大事情严格按照"四议两公开"的程序进行决策,定期公开村务、财务、党务等。组织村里党员到华东革命烈士陵园、新四军纪念馆、沂蒙革命纪念馆等地学习参观,提升党员的整体素质。邬家岳河村先后获得了"基层党建工作先进单位""学习强村先进村""五星级党村""美在农家示范村" 等荣誉称号。邬家岳河村在第一书记工作组的带领下不断改造和完善党群服务中心, 新盖9间党群服务中心,打造村史馆,并配备会议桌、办公桌、投影仪、电脑、打印机等设备。在村里新建幼儿园,解决村里孩子上学难的问题。改造村里的卫生所,满足村民就医的需求。

第一书记驻村之前,村集体没有产业项目,第一书记工作组入村之后,通过实际调研,制订科学合理的村庄发展计划,开发产业项目,动员社会力量,使邬家岳河村各方面得到高质量发展。为解决村民吃菜难的问题,组织村民围堰造田、整荒滩造田,发展承包草莓育苗和栽种油桃蟠桃等集体产业,以增加村集体收入。通过招商引资建设外贸加工车间,帮助村里剩余劳动力解决就业问题。

第三节　兰陵县实施"四雁"工程 强化人才支撑

乡村振兴的关键是人才,长期以来制约和影响"三农"发展的瓶颈是人才的匮乏。临沂市兰陵县是传统的农业大县,在乡村振兴中面临的突出问题是人才支撑力度不够,特别是农村基础组织战斗力弱、年龄结构不合理,而农村懂技术、有文化、会经营的青年大都进城务工,人才严重缺乏;难以培养"土专家""田秀才"等实用型人才,村民组织化程度较低,乡村的可持续发展后劲不足。如何满足新时代农村对"三农"人才的需求,以人才振兴全面推动乡村振兴?兰陵县在充分调研的基础上立足当地实际,坚持用改革创新的方式解决难点问题。

为破解乡村振兴人才短缺、活力不足等难题,临沂市制定出台《关于实施"四雁"工程强化乡村振兴人才支撑的实施意见》。兰陵县在2018年为加强农村党组队伍的建设,创新性地实施了"头雁工程"、吸引在外人士回乡创业 "归雁工程"、培养"土专家""田秀才"等实用型人才"鸿雁工程"、发展新型经营主体"雁阵工程"的乡村振兴"四雁"工程。在全县范围部署"四雁"工程,激励更多的人才到乡村去,引导各类人才在乡村振兴中大显身手、大展才华,打造一支强大的人才队伍,为兰陵县的乡村振兴提供了强有力的人才支撑,并取得了良好效果。临沂市委、市政府在全市范围推广“四雁”工程的成功经验,中央电视台、山东电视台、农民日报等多家主流媒体也对此进行了宣传报道。

一、实施“头雁工程”,建强乡村组织“主心骨”

为解决乡村党组织书记选用、培育、管理等方面的问题,兰陵县委制定出台了《关于实施乡村振兴“头雁工程”的意见》,按照“重选拔、严管理、重实绩、严考核、重激励、严约束”原则,重点从回乡大学生、回乡创业人员、退役军人、机关干部等党员群体中选配人才,拓宽人才选配渠道,为农村基层党组织打造优秀的带头人队伍,更好地为乡村振兴服务。

首先,在待遇上全面提升,大幅度提高人才的经济待遇。2018 年“头雁工程”实施后,乡村“头雁”人才的收入增长了至少 2 倍,包括综合绩效奖励、年限补贴、养老保险、基本报酬等在内,最多每年可以收入 4 万多元。2020 年“头雁工程”升级后,村党支部书记中有 80%以上的人每月可以收入 4 950 元,特别大型的村多达 6 900 元,其中有 53%是绩效奖励,从工资待遇上激励村组织人员投身乡村建设。在政治待遇上也全面突破,优先推荐符合条件的村党组书记为优秀共产党员、“两代表一委员”、劳动模范人选。利用干部人事资源,突破以往的身份限制,选派优秀的村党组书记挂职县委常委,挂职乡镇领导班子,通过考试的方式,提高村党组书记的政治待遇,其中有 2 名考到乡镇领导班子中,3 名考为乡镇公务员，在企事业单位的招考中为这些基层人才专门设岗。拿出不少于20%的名额面向村党组织书记选拔招录乡镇机关公务员、事业单位人员；实施“双 20 优选计划”，每年从村党组织书记中选拔 20 名左右挂职乡镇党委委员、20 名左右挂职副乡镇长。

其次,在帮扶上强化精准帮扶和精准输送,解决干不好的问题。一是在乡镇开展指导落实年活动,“头雁工程”每个季度开展一次述职考核会,并将考核分数进行累加,年底根据最终考核成绩进行岗位调整。12 个县直属单位要明确抓村党支部书记的职责职能,并让主要负责人对述职考核情况进行评议。设立产业发展基金 1 000 万元,支持村党支部书记领办所在村将实施的产业项目。对镇级、村级无法解决的突出难题,以“镇村吹哨、部门报到”的方式交给县里的相关职能单位进行办理。二是对村级账目进行规范化管理。建设村会计队伍,村会计的补贴报酬要高出村"两委"委员的10%,将"头雁"工程结余的资金奖励给村会计。加大对村会计的教育培训力度,乡镇每年组织不少于2次的集中培训,每次培训时间不少于3天。三是量身定制培训。选拔积极向上、有带动性、有担当的155名村党支部书记,以及退役军人村党支部书记206人到高校参加专题培训,提升村党支部书记的能力和素质,在全县对1 006名党支部书记进行了2轮的集中培训。

最后,在人才选配上,打破就地选人机制,解决了干不了的问题。一是通过多种渠道筛选拔尖人才,在县里公开招考63名退役军人、机关干部、"鸿雁"人才,使这些拔尖人才到组织软弱涣散村、贫困村、乱村,整顿村委会班子,抓产业、促发展,乡镇通过考察、选派等方式选配了139名人才。二是开放跨村任职。在选配的202人中,有129人完成跨村任职;按照产业相近、地域相邻的原则,在强村中选派8位村党支部书记到弱村兼职,从王传喜所在村选派3名干部到邻近3个村分别任第一书记。三是建立后备人才库。启动青年人才、青年干部、青年党员的"三青项目",每个村至少有2名后备人才,发展35周岁以下的农村青年党员,面向大学生党员设村党支部书记助理岗。

二、实施"归雁工程",推动人才资金"凤还巢"

发挥30万兰陵人在外务工经商优势,出台《中共兰陵县委关于实施乡村振兴"归雁工程"的意见》,制定优惠政策,鼓励在外人才回乡创新创业。

1. 广开门路引人才

通过金融优惠、财政贴息等政策,瞄准京津冀、长三角、珠三角等发达地区,吸引具备创业基础、有返乡发展意愿的外出能人以领办创办新型农业经营主体的新形式返乡发展实体经济。全县各单位征集在外地的本县高层次人才信息,建立兰陵县在外地的高层次人才数据库。依托驻外流动党员党组织、招才引智工作站以及紧密合作的中国农业科学院、山东农业大学,实施"万名人才回乡行动",先后有114名"归雁"回乡投资102个农业项目,带动70个村集体5 600多户,实现年增收230万元。宋善玲的家乡在兰陵神山镇,她之前在深圳从事水培花生芽工作,2018年回到家乡投资了500万元创办了山东康祐生态农业发展有限公司,建设车间生产花生芽,带动40多人就业,农户种植花生100多亩,产品远销上海、北京、南京等地。

2. 根据产业选人才

确立特色乡村旅游业、生态休闲农业、农产品仓储物流业、农产品精深加工业等重点领域，并在资金、政策、用电、用地等方面给予支持，使“归雁”人才能够积极投身乡村振兴。目前，兰陵县已经吸纳了150多名在外人才回乡进行创业，落地开工134个项目，预计村集体年收入可增220万元，为2 000多人提供就业机会，带动5 600多户增收致富。

3. 用平台留住人才

实行一个专班对接一个项目，一名领导干部帮扶一个人才的机制，项目所在地的党委要明确1名副科级干部对接联系，并提供“全程服务”，在手续的办理上要集中和提前介入，提高效率。优化社会保障制度，在子女教育上，为“归雁”人才子女优先办理入学手续，并在县人民医院设立就医绿色通道，在医疗、教育等基本保障上提供坚实后盾。在经济开发区设立“归雁人才”创业园和创业服务中心，在提供全方位保障的基础上力争留住“归雁”人才。

三、实施“鸿雁工程”，激活乡土人才“内动力”

坚持激活乡村人才的“内动力”，制定出台《关于实施乡村振兴“鸿雁工程”的意见》。在招揽外部人才的同时还要注重挖掘乡村本土人才，打造一支具有突出技能的“鸿雁”队伍，在全县农业种植、养殖等领域培养“土专家”“田秀才”，建立了600人的“鸿雁”队伍。

根据“鸿雁”信息库数据筛选符合“鸿雁”人才条件的人员，对“鸿雁”人才进行培训，把新型职业农民的培训与“鸿雁”教育相结合，分层次、分类型、分批次、分产业有针对性地开展培训，在培训中将内容与生产实践、乡村需求紧密结合。职能部门领导、专家指导团队、专业技术人员、企业家等，要持续跟踪“鸿雁”人才的发展情况，通过结点帮扶、上门指导等方式，为“鸿雁”人才提供服务和指导，使他们的辐射带动作用更加明显。

拍摄乡村振兴“鸿雁大讲堂”，田间地头、养殖区域、蔬菜大棚、农产品加工车间等随处都是课堂，让群众“电视机前有课堂、出门就是练兵场”，使“鸿雁”人才的技能、技术优势能够真正转化为生产。组建“鸿雁现代农业研究院”，与中国农业大学、中国农业科学院等知名院校进行长期合作，聘请了20余名国内外专家为技术顾问，形成了“高校院所+农村基地+成果推广”的合作新模式。在“兰陵首发”APP 平台发布了 6 期鸿雁人才说技术节目，利用新媒体渠道进行推送，起到了很好的宣传示范作用。

打造乡村振兴“鸿雁示范区”，以 10 个“鸿雁”人才产业为平台，精心打造一片示范区、一个样板田或一个精品间，吸引普通农民与“鸿雁”人才抱团发展。形成产业化、规模化农业，提高农产品的质量和产量，增强市场竞争力。实施乡村振兴长效机制，建立“鸿雁联系户”，“鸿雁”人才自主选择和自己产业相关的至少 5 个农户进行常态化联系，在平时的生产中帮助其解决信息和技术等方面的难题，在1+N 模式下共同发展。为展现新成果、新农民风采，兰陵县 2019 年共举办 2 次“鸿雁”人才技能大赛，获胜者一次性奖励 1 万元，并授予“优秀鸿雁”“十强鸿雁”“兰陵县乡村之星”等荣誉称号。鼓励并支持“鸿雁”人才参加市级、省级举办的各种农民技能大赛，他们多次夺得一、二等奖，成为全市、全省的优秀农民代表。

四、实施“雁阵工程”，构建乡村产业“新格局”

出台了《关于助力乡村振兴实施“雁阵工程”的意见》，通过财政奖补方式，鼓励新型经营主体新建设农业基地、改造提升老旧基地、开展集约化育苗、认证“三品一标”等，在标准化生产、规模化经营、品种改良、品牌打造等方面起到示范引领作用。截至目前，共落实奖补资金 500 余万元，提升新建基地 11 处，发展规模化育苗企业 2 家，新认证“三品一标”20 个。

发挥农民主体作用，实现乡村振兴成果共享。重点发展以“支部+合作社+农户”为基本模式的党支部领创办合作社，有效激发村居、乡镇的创新活力，让更多的农民参与乡村振兴。充分发挥党支部在人才支撑中的示范引领和战斗堡垒作用，探索总结出了风险共担利益共享型、保底收益二次分红型、大户独立经营型、大户经营带动型、分散种植统一服务型等 5 种模式，培育党支部领创办合作社 416 家，带动群众年增收 30 万元，村集体平均增收 2 万元。目前共有 2 407 家农民专业合作社，县级认定党支部领创办合作社 336 家。支持建设家庭农场，重点支持有固定经营场所、有合法的土地流转合同、有规范管理制度的经营主体，他们的经营规模是普通农户的 10~15 倍。在县级及以上的家庭农场中，评选出 10 家优秀农场，并授予县级荣誉称号，奖励 3 万元。

大力支持农业新业态，每年给予新认定的市级、省级、国家级农业产业化的龙头企业1万元、10万元、20万元的扶持奖励；一次性给予新认定的市级、省级、国家级电子商务示范企业3万、5万、10万的奖励。引导家庭农场、农村电商、农民专业合作社利用电子商务平台开展网上销售。

五、经验与启示

兰陵县在人才智力方面，围绕返乡创业氛围不浓，乡村发展活力不足，留守劳动力以妇女和年老体弱者为主，技术能力和文化素养不能较好地适应现代农村发展的瓶颈问题，大刀阔斧地改革创新。在制度的引领下，实施“四雁”工程，目的就是要通过实实在在的措施，激发农村各类人才的热情和干劲，释放他们的活力和能量，并带动周边的群众，更好地投身乡村振兴。兰陵县的经验、做法已形成一个产业链，成为可借鉴、可推广、可复制的模式。

经统计，2017年郯城县农业农村局农业技术推广人员共计70余人，年龄50岁以上的占比80%左右，全县乡镇基层农业技术推广站人员140名左右，多的乡镇15名左右，少的乡镇3~4名，年龄整体偏大，45~50岁占85%左右，35~37岁的占15%左右，90%的乡镇农业技术推广站10年未纳新。郯城县委、县政府结合本县在人才队伍建设上的现状，找出存在的问题，在人才保障上借鉴兰陵县“四雁”工程。

激活“头雁效应”，实行党组织书记专业化管理。借力全市党组织书记选配改革，创新开展农村党组织书记专业化管理，着力健全农村党组织书记“选、管、用”长效机制。一是严把资格门槛，优选专业化干部。按照“依法按程序当选、任满三年以上、村集体收入3万元以上”等条件，通过乡镇初审、县直联审、测评考察等5个步骤选择专业化书记。截至目前，郯城县共有626名村党组织书记纳入首批专业化管理，占比达到81.83%。二是健全监管机制，严管专业化干部。在不改变身份、来源和工作性质的前提下，将其任免审批和人事档案交由县委组织部直管。实行“每月业绩考核、每半年观摩评比、年终综合考核”制度，随时开展“四不两直”督导，业绩考核和待遇报酬直接挂钩、当月兑现。凡出现“年度考核不合格、综合考核倒数、长期不发展党员”等情形的，按“强制退出”处理。出台《关于健全村党组织书记专业化管理机制推进党建引领乡村治理的实施意见》。三是强化保障激励，优待专业化干部。引入市场经济思维解决问题的理念，参照乡镇事业单位人员标准落实待遇，专业化村书记人均月报酬4 352元，按城乡居民养老保险最高缴费标准 5 000 元缴纳养老保险。参与党委对机关人员的点名、培训,优先推荐专业化书记参加乡镇副科级干部、公务员、事业编人员选拔和各级“两代表一委员”评选。四是拓宽专业化书记上升空间。开展专业化书记分级分批挂职工作,从市县“乡村振兴好支书”中优选 13 名挂职县直属部门单位,从 2019 年纳入专业化管理的村党组织书记中优选 50 名挂职本乡镇涉农部门单位副职,21 名挂职本乡镇社区党总支副书记,16 名挂职本乡镇(街道)先进村居党支部副书记。挂职锻炼期限均为 1 年,每人安排 1 名干部进行结对帮带,挂职期间原隶属关系不变,各项待遇不变,退出专业化管理的,挂职资格自然终止。

注重乡村人才培育工作。加强对农业技术专业人才和农民教育培训,对高素质农民的培育将成为郯城县乡村产业振兴的考核内容,县政府成立以县长为组长,有关部门主要负责人和乡镇(街道、开发区、景区)政府主要负责人为成员的农民教育培训领导小组。目前,全县累计培训高素质农民 3 000 余人,认定新型职业农民 1 180 人。组织开展“沂蒙乡村之星”“乡土艺术人才”等人才评选活动,持续做好后续培养管理工作,为乡村振兴储备一批高素质人才。评选“齐鲁乡村之星”5 名,“沂蒙乡村之星” 44 名。积极参与“鸿雁”人才技艺技能大赛,筛选优秀选手参加省、市级比赛,获市二等奖 1 次、省三等奖 1 次。

沂水县也坚持走人才支撑之路,让乡村振兴“活”起来。依托“雁阵工程”,构建新型经营体系。坚持以推动农业适度规模经营、合作发展为重点,以培育发展新型农业经营主体为抓手,提高经营效率、降低生产成本、提升农民组织化程度。依托“归雁工程”,强化人才智力支撑。积极营造创业创新环境,激发创业创新活力,为返乡下乡人员、大学毕业生和有志青年搭建创新平台,组织“千名硕博在沂水”计划、“沂水籍人才智力回流工程”等重点人才项目,累计招引农学类人才 310 余人。依托“鸿雁工程”,培育实用人才队伍。在全县农业种植、养殖等领域培养更多的“土专家”“田秀才”,打造一支技能出众、示范突出的“鸿雁”队伍。积极组建农业技术宣讲团,分乡镇、分产业开展农业技术培训,遴选出农业科技示范主体 1 110 个,建立 6 处农业科技示范基地。

第四节　新时代沂蒙“六姐妹”在脱贫攻坚中的带动作用

榜样的力量是无穷的。对贫困地区广大干部群众来说，有了先进典型的示范引路，可以避免走入“盲人摸象”“闭门造车”的误区，通过对脱贫攻坚好经验、好做法的学习，转换理念、拓宽思路、打开工作局面。临沂作为革命老区，曾经先后涌现出沂蒙“六姐妹”、沂蒙“母亲”、沂蒙“红嫂”等模范群体，在脱贫攻坚这一伟大战役中，又涌现出新时代沂蒙扶贫“六姐妹”这一典型群体，成为带领贫困群众脱贫致富、扶贫干部学习示范的“领头羊”。

善于抓典型，让典型发挥示范和引路作用，一直都是我们党的重要做法。“学所以益才也，砺所以致刃也”。我们就是要善于向先进典型学习，在一点一滴中完善自己，从小事小节上修炼自己，以自己的实际行动学习先进、保持先进、赶超先进。在脱贫攻坚战中，尤其需要挖掘并宣传典型的带动作用，凝聚脱贫攻坚伟力。临沂市在打赢脱贫攻坚这场“孟良崮战役”中，培育出新时代沂蒙扶贫“六姐妹”这一先进群体，为广大干部群众提供了先进典型，有效激发了贫困群众和贫困地区脱贫的内生动力，在全社会凝聚起了决战脱贫攻坚的磅礴力量，为扶贫精神注入了新的时代内涵。

一、沂蒙扶贫“六姐妹”

由于临沂市经济基础薄弱、贫困人口数量较大，截至 2015 年全市有 568 个贫困村 44.2 万贫困人口。在新时代脱贫攻坚战役中，沂蒙人民牢记嘱托，发扬“宁愿苦干、不愿苦熬”的沂蒙精神，自力更生、艰苦创业，坚决打赢这场脱贫攻坚战。2018 年底临沂市基本完成脱贫攻坚任务，历史性地消除了绝对贫困。在这场伟大战役中，曹淑云、刘加芹、于学艳、林西臻、牛庆花、王洋等 6 名平均年龄 39 岁的沂蒙女性靠坚毅改变自身命运的同时，积极响应党中央号召，以扶贫救困为己任，主动投身反贫困斗争的决战中，靠微薄收入帮扶贫困群众，靠点滴善事汇集人间大爱，激起“社会各界自愿扶贫、贫困群众自主脱贫”的昂扬斗志，被誉为新时代沂蒙扶贫“六姐妹”。

二、新时代沂蒙扶贫"六姐妹"的实践做法

1. 传承沂蒙精神，勇挑扶贫重任

临沂是一片红色的热土，在沂蒙精神熏陶下成长起来的沂蒙儿女，始终秉持"听党话、跟党走"的坚定信念，不等不靠，自力更生，依靠自己的辛勤劳动实现脱贫奔小康，又以"扶贫怎能少了我"的使命感加入扶贫队伍。

一是不畏艰难勇脱贫。平邑县咸家巷村刘加芹两次患大病欠下巨额债务，植入了心脏起搏器、左腿险些截肢，但她始终坚强面对、创业还债。在各级扶贫、残联和妇联等部门的帮助下，刘加芹申请金融贷款开办了服装厂，在顺利实了自身脱贫的同时，还为周边群众提供就业岗位 50 多个，吸纳 23 名残疾人、12 名贫困群众，使他们月均增收 2 000 多元。

二是不言放弃勇奋进。蒙阴县野店镇北晏子村牛庆花面对家徒四壁的窘境，毅然和丈夫扛起全家脱贫致富的重任。丈夫在外打工，她独自在家赡养双方老人、照顾年幼孩子，还种着 20 亩果树，养着 100 多头猪、40 多只羊、200 多只鸡，经常累得"躲起来偷偷地哭"。2015 年底，牛庆花参加了村里组织的电商扶贫培训，创办了淘宝网店"孟良崮果园"，累计销售农产品 600 多万元，在自己致富的同时还使同村的 16 户贫困户脱贫，成了远近闻名的"'桃'宝皇后"。

三是不忘使命勇担责。"扶贫不仅是政府的事，也不仅是贫困户的事，而是我们自己的事、大家的事"，临沂市沂水慧阳制衣有限公司负责人曹淑云表示。曹淑云在服装厂办得红红火火之时，响应党中央脱贫攻坚号召，将目光转向沂水县山沟里的贫困群众。租房建厂、购买机器、培训工人、联系物流……一年多时间，她在偏远的沂水县夏蔚镇、诸葛镇开办了 3 个扶贫车间，招收了 146 名贫困群众在家门口打工。云头峪村村民焦守存曾是家里的顶梁柱，前些年却被查出患有慢性肾衰竭，高昂的医疗费让这个本就不富裕的家庭陷入困境。现在，焦守存和妻子张秀娟一起在扶贫车间工作，干些力所能及的工作，两个人每月能有 3000 余元的收入，生活也有了希望。焦守存说："曹姐是我们的恩人，传授缝纫手艺、提供就业机会、过节发放扶贫资金……在生活和工作上都给了我很大的帮助。现在我能靠自己的劳动赚钱养家，不用再为生计发愁，觉得很开心。"

2. 依托自身优势，助民增收脱贫

一是建"新"产业辟门路。扶贫产业是贫困村、贫困户稳定脱贫的根本途径。

为拓宽贫困村户的增收渠道，临沭县曹庄镇朱村大学生村官王洋立足朱村蜂蜜、核桃等农产品资源丰富的实际，结合自身专业优势，帮助朱村贫困户积极发展电商业务，与圆通快递联合建起了设施齐全的电商培训教室和“快递+电商”村级服务站，帮助13名贫困户开起了自己的淘宝网店；又依托朱村传统手工制品柳编，打造了“朱村味道”农产品品牌，并通过参加临沂首届年货节及农产品展销会，微信平台、淘宝店铺等多种渠道推广销售“朱村味道”系列产品，使朱村的产业发展找到了新路径。

二是做“强”产业扩规模。产业壮大才能吸纳更多贫困户。着眼于帮助更多贫困户通过务工实现增收的目标，曹淑云积极引进国内外先进服装生产线，开拓业务市场，争取接到更多订单，并计划根据周边村落情况，多设几个扶贫车间，让未脱贫的群众自主脱贫、让已经脱贫的村民努力致富。刘加芹则推进平邑县凯凯服饰有限公司的现代化建设，引入互联网销售模式，通过电商扩大销售规模，带领更多的贫困群众脱贫致富。

三是选“优”产业促增收。选准适合农村劳动力干的产业是关键。莒南县于学艳创办的塑料西瓜网袋生产加工企业就是专为农村剩余劳动力而设的企业。很多贫困户赋闲在家、无业可就，而西瓜网袋生产技术简单易学，对没有其他挣钱门路的贫困户来说，能大大改善他们的生活。从2003年发展至今，于学艳的西瓜网袋远销日本、韩国、美国和欧洲地区，她的企业成为目前国内最大的塑料西瓜网袋生产加工企业，安置当地3 000余人就业，其中一半以上是贫困户。

3. 重现身说法，增强脱贫志气

一是面对面宣讲长志气。发生在自己身边的事，身边人的故事是最具教育意义的。为引导教育身边贫困户树立“贫困不光荣、勤劳最光荣”的思想观念，坚定自主脱贫致富的信心和决心，沂蒙扶贫“六姐妹”纷纷加入市、县、乡、村举办的各类宣讲活动中来，用自己辛勤奋斗的经历鼓励贫困户不退缩畏惧、不伸手等要，努力通过自身劳动实现增收脱贫。在进社区巡回宣讲时，于学艳生动讲述了自己攥着仅有的10块钱三次艰苦创业的经历，当讲到摆脱贫困首先要摆脱精神上的“贫困”时，台下的贫困户受到极大的触动，会后纷纷向于学艳取经问道，表示要向她学习，谋求脱贫方法，努力实现自主脱贫。

二是手把手培训提技能。脱贫致富关键在于掌握一技之长。在引导贫困户就业创业时，沂蒙扶贫“六姐妹”在提供就业机会进行“输血”的同时，还通过各种方式组织技能培训进行“造血”,通过“送岗送技”上门帮助贫困户掌握一门致富技术。刘加芹的服装加工扶贫车间目前拥有40多名职工,其中残疾人20多名。为让贫困户尽快掌握制衣技术,刘加芹专门邀请服装技师进行手把手培训指导,还给每名工人每天50元的补助。对残疾程度较重、没法到工厂上班的贫困户,刘加芹将缝纫机送到他们家中并进行现场加工指导。牛庆花作为讲师,参加了三期全市农业广播电视学校电商培训,注册了“晏秾”“牛庆花”商标,帮助贫困户销售农产品。王洋则积极协调临沭县电商培训机构,开展了三次电商知识宣讲会、两期电商培训班,150多名群众参加了电商培训。

三是心贴心感化立志向。沂蒙扶贫“六姐妹”从贫困中走过,深知贫困之苦,她们在“送岗送技”的同时,也把情感关爱送给贫困户,帮助贫困户鼓足勇气、燃起激情。林西臻在莒南县坪上镇创办幼儿园后,启动了安琪儿助学计划、成立了爱心驿站、启动爱在夕阳——关爱孤寡空巢老人项目,重点关注孤贫儿童、老人,共资助孤寡老人和贫困群众100余人,先后捐助资金数万元。林西臻用自己的实际行动,使越来越多的身边人加入扶贫队伍。以林西臻所在的坪上镇为例,近年来义工队伍从无到有,目前已发展到200多人,林西臻14岁的儿子也已经是参加过多次志愿活动的“老人”了。很多贫困家庭在她的帮扶下生活慢慢有了起色,孤贫儿童也感受到了温暖,立下了勤奋学习的志向。

三、脱贫先进典型培树取得的成效

幸福不会从天降,美好生活靠劳动创造。脱贫致富终究要靠贫困群众辛勤劳动来实现;要激发内生动力,调动贫困地区和贫困人口的积极性。新时代沂蒙扶贫“六姐妹”既是脱贫攻坚战中自力更生、艰苦创业的脱贫典型,也是激发贫困群众树立看齐意识、主动意识,实现自我脱贫的榜样。沂蒙扶贫“六姐妹”通过言传身教、引领示范,扶贫、扶志、扶智,有效发挥了传帮带作用,为贫困户主动脱贫、自主脱贫注入了精神动力,激发了贫困群众想脱贫、争脱贫、比脱贫的热情。

一是扶贫扶志,有力激发了自主脱贫内生动力。榜样的力量是无穷的。沂蒙扶贫“六姐妹”在帮扶中注重扶贫同扶志相结合,用亲身经历和典型示范,把贫困群众的内生动力激发出来,让贫困户的精神面貌发生了巨大变化。有劳动能力的“懒汉”困难户越来越少,“以辛勤劳动为荣、以好逸恶劳为耻”的观念在贫困户中蔚然成风。蒙阴县贫困户张继菊说:“最近两年,许多爱心人士都来看望我,不仅从精神上鼓励我,还帮我解决了许多实际困难。看着外人都对我家脱贫这么上心,我怎么好意思再吃国家救济。”

二是产业扶持,有效拓宽了村户增收渠道。有的贫困群众有脱贫意愿,却苦于没有足够的知识和技能。沂蒙扶贫“六姐妹”通过提供免费的技能培训、产业就业扶持,引导贫困户参与产业发展或自主创业,通过自身劳动实现了自我价值。朱村贫困户张田英,双腿残疾,一个人带着儿子艰难度日。王洋了解情况后积极奔走,为张田英的儿子申请了助学金,还帮张田英找了一份柳编工作。如今,张田英每天能收入 40 元,还与其他 6 户贫困户一起实现了稳定脱贫。沂南县代庄村贫困户季怀忠因交通肇事欠下巨额债务,其妻子长年患病,扶贫部门鼓励他承包了一个蔬菜大棚,当年两茬黄瓜卖了 7 万元,下半年他主动又承包了一个蔬菜大棚,2016 年纯收入达到 15 万元, 今后他打算承包更多的蔬菜大棚。季怀忠现在逢人便讲:“做梦都没想到还有今天,感谢扶贫好政策,给了俺致富的好门路。”

三是志愿服务,全面凝聚了社会扶贫合力。在沂蒙扶贫“六姐妹”无私奉献、扶危济贫精神的引领带动下,在临沂市委、市政府广泛发动和积极引导下,更多的社会力量参与脱贫攻坚,推动形成了“人人愿为,人人可为,人人能为”的扶贫格局。目前,临沂市已有 13 214 个志愿家庭结对 9 114 个贫困家庭,各级慈善组织共捐助资金 1 018 万元、物品价值 2 000 余万元,救助贫困人口 2 万余人次。临沂市还有 8 个县区开办了慈善超市, 累计捐助物品 10 余万件、发放救助金 457 万元,惠及困难群众 6 万余人次。临沂市许多企业也参与进来,有 759 家企业设立“公益特岗”4 320 多个,1 000 多家企业结对帮扶 2 672 个经济困难村,累计投入帮扶资金 8 671 万元。

临沂市培树的新时代沂蒙扶贫“六姐妹”等扶贫脱贫典型是传承沂蒙精神、激发贫困户内生动力的重要力量, 未来在乡村振兴的发展中需要更多的典型力量。

一要善于发现、挖掘、筛选,让先进典型“立”起来。贫困户要转变思想,必须学习身边的榜样。要让看得见、摸得着的身边“活典型”“活经验”形成脱贫标杆,引导、感染、带动、发展动力不足的群众,增强其“穷则思变”的奋斗精神和决心。临沂市着眼于让典型“看得见,入得心,带得动”,从不同战线、不同背景筛选了

40 余个扶贫脱贫典型，经过座谈研讨、事迹挖掘后，最终确定树立牛庆花、曹淑云、于学艳、林西臻、刘加芹、王洋 6 名女性为新时代沂蒙扶贫“六姐妹”。临沂市充分挖掘六个人艰苦奋斗、无私奉献的“闪光点”，做到了让不同领域、不同层面的党员群众学有标杆。

二要善于宣传、弘扬、表彰，让先进典型“亮”起来。为全面宣传推广沂蒙扶贫“六姐妹”传承红色基因、弘扬沂蒙精神，扶危济贫带领贫困群众脱贫攻坚的先进典型，临沂市通过新华社、人民日报、半月谈等主流媒体进行正面典型推介，通过采用持续报道、深度挖掘、重点推广等方式，扩大先进典型的影响力。2018 年新华社以《新时代沂蒙扶贫“六姐妹”，凝聚“中国扶贫精神”磅礴力量》为题刊发长篇通讯，对沂蒙扶贫“六姐妹”事迹进行了重头报道。新时代沂蒙扶贫“六姐妹” 的事迹还入选中宣部农村工作案例集，逐步成为全国性先进群体典型。2019 年 10 月 17 日，沂蒙扶贫“六姐妹”之一的刘加芹被授予“2019 年全国脱贫攻坚奖奋进奖”称号，《一针一线总关情》广告片在山东省电视台多个频道播出，相关系列报道引发强烈反响。牛庆花等其他成员先后登上央视新闻。2020 年，新华社推出纪录片《我和我的姐妹》，宣传沂蒙扶贫“六姐妹”的典型故事。

三要善于培育、激励、引导，让先进典型“强”起来。要持续跟踪、扶持先进典型，引导典型在示范引领作用上持续发光发热，经得起时间和实践的考验。临沂市持续关注沂蒙扶贫“六姐妹”的个人发展，组织她们到沂蒙六姐妹纪念馆参观学习，提升思想觉悟；加强规范教育，引导她们合法依规经营；实施荣誉表彰激励政策，刘加芹被授予“2019 年全国脱贫攻坚奖奋进奖”称号，牛庆花被评为山东省劳动模范，王洋被评为“临沂市优秀共青团干部”，并受邀作为群众代表参加了中国人民政治协商会议第十二届山东省委员会第一次会议。

第九章
沂蒙乡村振兴的组织保障

近年来，临沂市抓住深化“莱西经验”重大机遇，聚焦党建引领乡村治理，瞄准有效目标，重点在抓基础强规范、抓难题强突破、抓改革强导向上下功夫，着力以组织振兴引领乡村振兴。得到了《人民日报》、新华社《山东要情动态》、新华社《内部参考》、中央电视台《朝闻天下》、《农民日报》、《山东组工信息》，以及人民网、新华网等省级以上新闻媒体的宣传。

第一节 临沂市乡村组织振兴的实施情况

一、强化抓乡促村，压实主体责任

坚持整乡推进、整县提升，压实县乡党委责任链条，确保聚焦主责抓主业。

一是抓书记，强导向。坚持“书记抓、抓书记”，严格落实抓乡促村“十条规定”，结合搞好新一轮换届选举研判，集中组织330名县级干部对373个党组织软弱涣散村进行“村村到”回访，临沂市委组织部派出12个督导组、3个巡回督导组逐村评估，并派员列席县区委常务委员会专题会议，确保树好“风向标”。目前，“四个一”措施落实率、受刑事处罚村干部清理率和不胜任党组织书记调整率全部达到100%，信访矛盾化解率达到89.8%，整体转化率达到93.3%。

二是抓乡镇，强“龙头”。临沂市委印发《乡镇(街道)党(工)委抓基层党建重点任务“双十条”责任清单》，明确基层党建考核连续两年获评“好”等级的，乡镇党委书记优先提拔使用或晋升职级；未达到“好”等级的，不得评定为“优秀”；排名后20%的，由市委组织部或县区委书记约谈；连续两年排名末位的，将在组织上进行调整，使“抓好党建是最大政绩”意识切实强化。利用两周时间，对156名乡镇党委书记进行轮流培训，临沂市委书记亲自教授党课，并邀请浙江大学、厦门市委党校专家和政法、统战、扶贫等部门骨干进行专题辅导12次，实地观摩工作现场15个，着力提升抓党建促乡村振兴的能力。

三是抓片区，强示范。坚持党建引领、兵团作战，指导县乡党委规划设立80个乡村振兴片区，建立指挥部联动作战、片区党委专班推进、机关干部驻村帮扶、项目资金捆绑投放等机制，扶持片区内573个村组织共建、产业共兴、人才共享、文化共育、生态共创，推动抱团发展、连片振兴。沂南常山庄、郯城贾湾2

个片区获评“乡村振兴齐鲁样板省级示范区”。

二、强化实绩导向，打造“头雁”矩阵

坚持党员干部工作理念，抓关键人，以鲜明导向推动带头人队伍整体优化提升。

一是持续开展选配改革。坚持“能者上庸者下、不换思想就换人”，以综合考核落后村、“一肩挑”难点村、信访突出村、环境脏乱村为重点，面向机关干部、退役军人、返乡企业家等群体，新选配村党支部书记618名，进一步优化和提升带头人队伍结构和整体素质。

二是全面深化专业化管理。坚持以实干为导向、凭实绩论英雄，启动专业化管理书记动态调整工作，目前新纳入（村党组织书记）354名、退出132名，总占比提高至55.6%。配套建立专业培育、专项扶持、专岗管理、专职服务、专线推进五项机制，优选97人挂任县区涉农部门党组成员、乡镇党委委员或副镇长，定向考录乡镇公务员18名、事业编制人员5名，着力强化示范引领，激励和引导广大农村干部争做有担当、有作为、干事创业的好领导。

三是联动推进“英才培育”。坚持不求所有、但求所用，全面加强人才回引，指导县乡召开座谈会、恳谈会40余场次，摸排在外优秀人才11 430名，成功回引607名，储备后备力量1.8万余名，同步建立选育管用“四项机制”，引导他们发挥作用、推动发展，着力解决“有名无实”“备而不用”的问题。

三、强化党建引领，激发振兴活力

以实施“双创一领”行动为抓手，引导村党组织当好乡村振兴“主角”，以发展农业、繁荣农村、服务农民的实际成效提升组织力。

一是鼓励党支部创办合作社。对照“干部双向任职、党员带头入社、决策审议前置、集体适度出资”四项标准，鼓励现有党支部创办合作社，并按照“示范引领、规范提升、改造转化、重新组建”四种方式，将1 492家支部创办合作社纳入市县组织部门重点管理，使村庄覆盖率达到36.9%。在此基础上，组织党支部领办合作社示范培训，积极挖潜农业农村、供销、税务、银行、保险等系统资源，强化财税、土地、金融、人才、服务五类扶持措施，力争为合作社发展壮大提供更多“服务套餐”和“社员福利”。目前，已办理“强村贷”57笔，金额达3 200万元。

二是扶持党支部创办好项目。坚持以项目为带动，争取、协调到财政扶持资金 6 250 万元，扶持 4 个县 125 个村发展集体增收项目 28 个，预期年收益率 8%、村年均收益 4 万元。坚持市场运作，协调临沂市财金投资集团投资 8.6 亿元，在 7 个县集中建设总容量 207 兆瓦的分布式光伏发电项目，目前完工率77%，20 年内每年可增加村集体收入 1 850 万元，带动 1.5 万农户每年增收 1 100 万元。

三是引导党支部领办志愿服务队。坚持党支部领办、党员带头、群众自愿、常态长效的发展模式，组织农村党员干部、入党积极分子、后备人才、爱心群众成立志愿服务队 3 292 支，为 1949 年以前入党的老党员、“三无”老人、重度残疾人等群体常态化提供“扫庭院、干家务、洗衣服、搞代购、拉家常”等爱心服务 2.7 万余次，着力传递党支部温暖、改进干部作风、强化党员作用、锻炼后备力量，以志愿服务的实际成效改进乡村治理、传承沂蒙精神。

四、强化统筹理念，提升治理水平

聚焦提升乡村治理水平，坚持党建引领，重点建立三项机制。

一是小微权力约束机制。坚持用制度管人管事，探索推行村级小微权力清单制度，重点厘清权责、优化流程、定好规矩，着力破解办事不公、财务不清、服务不优等问题。坚持全面从严，探索建立村情发布、财务“接龙”公开、重点案件旁听庭审、典型案例警示剖析等制度，持续推进经济责任审计，移送处理违纪违法人员 479 人，强化村干部警钟长鸣、规范履职意识，着力净化农村政治生态。

二是干部一线帮扶机制。临沂市委常委会研究决定，全市第四批第一书记任期延长到 2020 年底，市县财政拨付 1.5 亿元扶持资金，市派第一书记任职时每村拨付 50 万~70 万元，确保帮扶力量不减、力度不变。截至目前，全市第一书记指导任职村新选配党支部书记 255 名，发展党员 1 389 名，新上集体增收项目 1 201 个，协调投入帮扶资金 33.4 亿元，新建办公场所 340 处、学校 147 所、文体广场 809 个、农家书屋 648 个，持续打响第一书记品牌。坚持以氛围激励人，评选第二批“最美第一书记”60 名，集中开展向刘建光同志学习活动；在临沂市拍摄的电视剧《遍地书香》、网络电影《毛驴上树 2 倔驴搬家》、纪录片《春风烈》于 2020 年上线播出。

三是组织阵地提升机制。围绕增强村级场所开放度、功能实用度和群众满意度，出台规范管理“五项制度”，积极引导和鼓励县乡探索推进“大院拆墙”“制度下墙”，通过安装免费 WiFi、设立露天影院，引导小超市、卫生室、理发店等服务资源入驻等方式，力争把村级阵地打造成村庄人气最旺、集体认同感最强的地方。

下一步，临沂市将聚焦党建引领乡村治理这一主题，紧盯决战决胜脱贫攻坚、经济薄弱村清零攻坚、扫黑除恶专项斗争三场收官之战，进一步发扬改革精神，重点抓好四个方面工作。

一是集中研判村级班子“换届选情”。坚持分级负责，以县区为单位，逐个乡镇听取村“两委”换届选举和“一人兼”研判情况。在此基础上，市级层面再继续召开专题会议，加强指导调度，确保托底研判精准，备战工作到位。同时，组织力量开展软弱涣散村党组织集中整顿评估验收工作，确保全部按期转化、补齐短板，为打好“整瘫治乱”硬仗夯实基础。

二是持续深化“头雁”引领行动。从 2020 年 8 月开始，利用 4 个月时间，集中开展“四个一批”工作，即充实一批乡村振兴“好支书”、调整一批专业化管理书记、优选一批“好支书”挂职锻炼、考聘一批乡镇事业单位人员，力争沂蒙乡村振兴好支书达到 150 人，挂任乡镇党政班子成员或县区直属部门副职 150 人，专业化管理书记占比提高至 60%以上，持续推动带头人队伍整体优化提升。

三是聚力决战“清零攻坚”硬仗。启动党支部创办合作社“十百千”评选工程，市级层面重点优选 10 家龙头联合社、打造 100 家市级示范社，带动县区打造 1 000 家标准合作社。以中央财政资金扶持项目、光伏发电项目为重点，扎实推进党支部创办好项目，持续发力，强化支部作用、盘活集体资源、推动聚力发展，力争 2021 年底前行政村集体收入全部达到 5 万元以上、30%的村超过 10 万元。

四是全域推进“示范片区”创建。结合 2021 年底选派第五批第一书记，坚持整乡推进、整县提升，统筹规划推进乡村振兴示范片区创建行动，重点扶持创建 5 个左右市级示范片区、20 个左右示范乡镇、50 个左右县级示范片区，推动乡村振兴全面开花。

第二节 农村基层党组织 脱贫攻坚的堡垒

组织振兴是乡村全面振兴的基石和保障,农村基层党组织是脱贫攻坚战中的重要力量,是"不走的工作队",是凝聚农民群众力量的"主心骨",是乡村振兴的政治保障和组织保障。无论是在精准扶贫还是乡村振兴中,都要一如既往地发挥农村基层党组织的优势,把广大基层党员和群众的思想、行动、力量和智慧凝聚起来,只有齐心协力才能更好地投身农村经济发展。

一是打造强有力的村"两委"队伍。组织振兴应抓牢"头雁"队伍这个核心,通过调整充实、轮训培训等多种举措打造一支强有力的村"两委"队伍。大力实施选能人进"两委"计划,采取内选、外引、下派等措施,不拘一格选优配强村级班子,特别是党支部书记。加强带头人队伍教育培训,培训后备干部,开设村干部职业技能专修班。严格村干部实绩管理,以实绩选干部为导向,建立村干部实绩档案,落实换届期间"晒实绩"制度,使农村基层党组织的领导作用不断得到强化。深化村民自治实践,广泛运用协商民主制度,创新基层融合治理模式。

二是强化农村基层党组织在各项制度上的建设。制度化建设是党组织振兴中的重要内容,是推动乡村组织振兴的保障。通过强化党支部体系建设,发挥组织优势,确保党在农村工作中始终总揽全局、协调各方。加强基层党支部制度建设,同时发挥村民自治的优势,不断创新组织方式,实现村民自治组织的良性运转。

强化基层党组织在乡村振兴中的引领作用。在脱贫攻坚实践中,各地探索了很多党支部助推产业脱贫的模式,将党组织活力变为脱贫动力,将党建优势变为扶贫动能,促进扶贫和党建工作实现双赢。因此,在乡村振兴中,要通过党支部,建立党支部、企业、合作社紧密联合体,形成支部引领,企业、合作社推动,党员带头,群众参与的党建与乡村振兴工作同频共振、互动双赢的良好格局。

一、农村党支部领办志愿服务队

在习近平新时代中国特色社会主义思想的引领下,2020 年沂水县大力弘扬新时代沂蒙精神,转变领导干部作风、密切联系群众、传递党支部力量,探索农村党支部领办志愿服务队模式。沂水县把村党支部作为核心，把党员干部作为主体，选择优秀志愿者作为服务队队员，全心全意为农民群众服务。村干部发挥带头示范作用，各村都成立自己的志愿服务队，队长由村党支部书记担任，由其带动村“两委”干部上门服务，改变了过去村干部与群众缺乏交流的问题。党员发挥先锋模范作用，村里常年在家的50岁以下党员要亮明身份，带头做好服务工作，解决村里没有职务的党员难以发挥作用的问题。后备力量发挥助力作用，充分调动村里的优秀青年、后备干部、入党积极分子的服务意识，鼓励他们加入村志愿服务队，解决后备力量缺乏锻炼的问题。

沂水县为志愿服务队制定了程序和标准，服务范围要全面覆盖鳏寡孤独残疾等困难群体，党委和政府要做到有效兜底。志愿服务队的服务对象以居家养老、留守老人、特困人员为重点，并划定了三类服务群体：留守老人和重度残疾老人、70周岁以上的“三无”老人，以及1949年以前入党的老党员。把无人照料、年龄大、残疾重病者等特殊群体全都纳入服务范围，做到一户不落，一个不少。乡镇街道认真排查服务对象，摸清三类服务群体的底数，核实家庭成员、身体状况、收入状况等基本情况，严格按照程序征求全体村民和服务对象的意见，在群众公认、程序公正中确定服务对象。对纳入志愿服务队的服务对象，逐户逐人建档立卡，并将数据录入智慧云平台，在大数据的比对中随时调整服务内容、掌握服务进度。

把农村党支部领办志愿服务队作为重点民生工程来抓，推动志愿服务常态化、制度化、规模化运转。为加强组织保障，2020年把党支部领办志愿服务队作为县委书记抓基层党建的重要项目，纳入沂水县“125工程”，县委书记负责实施谋划。设立县级志愿服务总队，专门统筹下拨服务资源；成立乡镇志愿服务中队，对村级服务队所开展的活动进行指导。为保证志愿服务队的活动正常开展，首先要保障资金充足，县财政拨款300万元，志愿服务活动的经费在村组织运转的经费中列出，为农村志愿服务队购买服务必需品。加大政治激励，将基层党组织的志愿服务工作作为沂水县重点考核内容，县直属各单位建立督导机制，落实责任，对在志愿服务活动中表现优秀的村支书，优先推选优秀共产党员和“两代表一委员”；志愿服务队中优秀的队员，优先推荐入党、推荐各类表彰评选，或者作为重点培养的后备干部。

志愿服务活动对农村党支部进行了一次有力的检验。真正有作为的支部能与群众搭建“连心桥”，推动党员干部的作风发生转变，鼓励党员干部与百姓密切联系，同时使群众对党员干部和党支部的情感认同、思想认同、政治认同更加深入，促进党支部和党员干部在乡村治理中的作用得到充分发挥。

二、党支部领办合作社 积聚乡村振兴蓬勃力量

临沂市通过发展党支部领办合作社，着力盘活集体“三资”，提升组织活力，激活乡村发展的一池春水。

莒南县道口镇的赫马岭村是一个人口小村，现有 260 户 780 人左右，村子是一个没有特色产业和区位优势的弱村、穷村，村民们主要从事传统的庭院养殖和小农种植，田间地头的农活束缚了大量劳动力，村民收入低且不稳定。2014 年赫马岭村“两委”干部共集资 20 万元，加之之前的结余资金，购买了 3 台大型农用机械，在党支部的带领下，成立了莒南县农联农机专业合作社，后来逐渐发展到拥有 12 台大型农用机械，100 台小型农用机械的规模。该合作社以低于市场价的方式，为本村及周边村的村民提供相关服务，既赢得了村民的信赖，又为实施新的土地股份合作积累了经验。

2018 年，赫马岭村党支部经过调研和考察，决定在现有农联农机专业合作社的基础上，对村里的土地进行整合，成立由村集体统一管理的土地股份合作社。村党支部广泛动员全体村民，在村民代表大会和党员大会中，宣传各级政府在发展土地股份合作社上的政策，并积极听取村民意见。与此同时村“两委”班子通过专题会议反复研究，探讨在经营合作社工作中的经验，并拟定新的盈收分配方案。村“两委”成员挨家挨户征求村民的意见，并对年底分红政策进行详细解读。在全体村民的支持下，2018 年，赫马岭村成立了莒南县代彬土地股份专业合作社，并选举了监事会、理事会、社员代表，村里有 119 户村民共 751 亩土地全部入股，形成了“土地入股+盈余分红+农业保险+整建制托管”的合作模式。在土地股份合作社的发展模式下，村集体在 2018 年增收 11.7 万元，在 2019 年增收 34.7 万。通过土地股份合作社、农联农机专业合作等多种方式，赫马岭村的集体资产实现了超过 500 万元的巨变。

随着土地股份合作社的不断发展，大量的劳动力被解放出来。村党支部开始探索“党支部+企业+合作社”的发展机制，和临沂恒兴泰劳保用品有限公司合作，建成 400 平方米的车间，分别购买 20 台打把机和 20 台缩口机，为村民提供

就业机会，使人均月收入达 2 600 元以上。村集体在逐渐增收后，又投资种植苗木，安装路灯，对村庄进行美化、亮化、绿化提升，扩建 500 多平方米的党建广场，硬化 4 700 多平方米主要街道道路，对 180 多户的厕所进行改造，使村容村貌发生了翻天覆地的变化。赫马岭村党支部领办合作社的做法先后被多家市级、省级和央视媒体进行报道，吸引了全国各地的考察团前来学习。

沂水县在紧抓村集体经济发展的同时，将党支部的组织优势、政治优势与合作社的市场优势、产业优势相结合，将产业发展与村党支部领办合作社同步推进，充分发挥党支部的引领作用。目前，沂水县的 1 040 个村中，有 296 个党支部领办合作社，有 13 799 名群众入社，村集体在 2020 年平均增收 2.5 万元，群众入社后户均增收 1.1 万元。一是，县级层面抓统筹，县委书记先后召开 2 次专题会议，亲自筹划部署。研究出台《关于推动党支部领办合作社工作的实施意见》，编印下发《党支部领办合作社操作规程》，成立县委组织部、农业农村局、自然资源和规划局、金融服务中心、财政局 5 部门专项领导小组，形成“2+5”工作推进机制，确保工作有章可循。二是，镇级层面抓落实，乡镇党委书记成立工作专班，把农村党支部领办合作社作为党建重点工程部署推进，把党支部领办合作社与本地特色产业和镇域经济发展相结合。三是，村级层面抓领办，村党支部要发挥组织优势和政治优势，帮助农民群众对过去、现在和未来的收入进行梳理，党支部需做好群众的“主心骨”，调动村民加入合作社的积极性，村里的党员干部要带头组织群众，把村里的优势资源利用起来，进行规模化经营，推动农民群众和村集体增收。

在资金、人才、管理等方面确保村党支部领办合作社能够有序发展、规范运行。首先，在资金上，整合扶贫、涉农资金，把与农村产业化扶持相关的资金向农村党支部领办合作社项目倾斜。2020 年，沂水县共整合 3 500 万元相关资金，支持合作社发展。农商银行、农业银行等金融机构，也为合作社开通贷款“绿色通道”，提供金融产品“强村贷”等服务。自然资源和规划局把村党支部合作社需要的产业用地优先纳入年度计划，农业用地中直接用于农业生产的，不需要办理建设用地的审批手续。其次，在人才政策的支持上，充分发挥乡村振兴服务队、第一书记等驻村干部的作用，借助驻村干部资源，为合作社提档升级；发挥党员带头作用并结合“雏雁”工程，培育、储备优秀党员后备力量，为村党支部领办合作社提供人才支撑。最后，在管理制度上，乡镇党委对领办合作社制定章程，并对重大事项和议题进行严格把关，对确定的产业项目进行风险评估，对合作社中的重大支出项目严格审核，规避风险；对党支部领办合作社中集体、支部成员、社员、普通群众的占股比例进行合理调控，防止出现垄断问题。

临沂市沂水县沙沟镇四官旺村党支部领办的水利水产专业合作社迎来第一轮丰收。四官旺村位于沂水县沙沟镇北部，水库、塘坝环绕，多年来一直处于粗放管理状态。前些年村里尝试让个人承包水库、塘坝，但是因缺乏统一协调，收效甚微，矛盾越积越多。借着县里鼓励党支部领办合作社的机会，村干部决定转变思路，由党支部领办成立四官旺水产养殖专业合作社。沂水县沙沟镇四官旺村党支部书记田相杰和社员以现金的形式出资 2.9 万元，村集体以水库经营权的形式出资 12.2 万元，总共出资 15.1 万元，按照占比和收益逐年进行分红。该合作社成立后的第一个月，就在水库投放了 3 000 尾鱼苗，半年时间不仅收回了成本，还赚了 1.5 万元，再加上农业灌溉用水每年给村集体增收 1.5 万元，这个曾经的烫手"山芋"，成了村里的"聚宝盆"。沂水县沙沟镇党委副书记赵光锋对此做出指示，党支部领办合作社建成以后，每个村都实现了 3 万~5 万元的村集体收入，村集体可以把这一部分拿出来用于公益事业，去推动乡村的振兴和发展。

2020 年以来，临沂市按照"示范引领、规范提升、改造转化、重新组建"四种模式，扶持村党支部创办合作社 1 492 家，村庄覆盖率达到 36.9%。优先安排财政资金 12 250 万元，扶持 245 个村发展增收项目 67 个。2020 年上半年，临沂市党支部创办合作社实现经营收入 2.35 亿元，带动群众增收 2 152 万元。

三、创新基层党建 激发组织振兴新动能

基层党组织是村里的主心骨，是推进乡村振兴战略的重要抓手和核心力量。在"沂蒙精神"的引领下，组织起好带头示范作用，实现乡村振兴才有保障，才能让村民过上幸福的日子。

"给钱给物不如建个好支部"，兰陵县代村的发展证明，一个强有力的基层党组织是乡村振兴的关键。习近平总书记指出，要推动乡村组织振兴，关键要打造千千万万个坚强的农村基层党组织，培养千千万万名优秀的农村基层党组织书记。乡村振兴中，组织振兴是统领，人才振兴是关键。为破解乡村振兴人才短缺、活力不足等难题，临沂市制定出台《关于实施"四雁"工程强化乡村振兴人才

支撑的实施意见》，打出一套乡村人才振兴的组合拳。临沂市组织选派 814 名干部连同省派临沂干部，组成 52 支乡村振兴服务队，致力于脱贫攻坚和乡村振兴；在全省创新开展村党支部书记选配改革，建强村级班子；在全省率先实行村党支部书记专业化管理，激活干部活力；临沂市累计培训新型职业农民 13.8 万人，为 2.1 万农民颁发职业农民证书，培训人数和颁发证书数量均居山东省第一位。

兰陵县代村“两委”根据党中央的指示精神，始终把带队伍、抓班子作为工作中的重中之重，村“两委”严格遵循工作条例和法律法规，并带头执行，在惠民政策、村工程、干部选用等方面杜绝徇私行为。凡是村级事务都要进行民主决策，建立村委会“议事”、党组织“提事”、监督委员会“监督事”、村民和党员代表大会“定事”的工作机制，村中的重大事项和村级发展事议必须进行民主决策。监督机制实现全面覆盖，在兰陵县委和纪委的支持下，早在 2012 年，临沂市第一个农村社区纪委在代村率先成立，从社区居民中推选廉政监督员，对党员干部和“两委”干部实行零距离的监督。

基层党支部力量壮大后，农村经济的发展就有了底气。代村“两委”班子成员经过深入探讨后，最终确立了发展现代农业的思路。村“两委”从 2002 年开始规划发展现代农业思路，2005 年开始对全村的土地统一实行集体经营，2006 年成立了兰陵县农业生态园，之后对周边 5 个村庄的 7 000 多亩土地进行流转，土地规模达 1 万多亩，但此时只是一些科技示范园，并没有真正带动农民增收。直到 2013 年，依托科技示范园代村建成了全国首个占地 2 万亩的兰陵国家农业公园，大力发展现代农业产业，从此驶进了发展的快车道。在深入挖掘当地农业优势资源的同时，代村逐步成立种苗工厂、蔬菜采摘园、花卉苗木基地和蔬菜加工出口等企业，产业转型得到升级。2013 年起兰陵国家农业公园每年都举办“菜博会”，吸引全国各地的游客，实现了社会效益和经济效益的双赢。

在王传喜的带领下代村“两委”班子用奋斗和忠诚书写着新时代乡村发展的精彩答卷，代村党支部用实际行动赢得百姓的信任和拥护，代村的发展受到习近平总书记的鼓舞和肯定。今天的代村仍在不断创新基层党建，激发组织振兴新动能。

临沂市兰山区在总结推广党旗红、市场旺“三商党建”工作经验的基础上，创新实施“区级领导派出单位第一书记强企强村”帮扶 1 个经济薄弱村的“41”

工作机制,组织进村班子 86 个,为推动兰山区实现乡村振兴奠定组织基础。探索实施《干部实绩纪实评价办法》,以鲜明导向激励引导干部担当作为,以实干实绩凝聚干事创业合力,以改革思维创新选人用人机制,在全区形成了党员干部“比担当、比实绩、比贡献”的浓厚氛围。注重基层组织建设。加强农村党员队伍和党组织带头人建设,坚持“抓两头、带中间”的思路,建设过硬的村级组织,打造坚固的战斗堡垒,提高农村社会治理水平。扎实推进第一书记、党员干部“结亲连心”等工作,选派机关干部到工作基础薄弱村、集体经济薄弱村任职,推动村集体和农民增收,开展集体经济薄弱村三年“清零攻坚行动”。

第三节　基层党支部书记　乡村振兴的引路人

乡村振兴的实施,关键在于基层带头人,一个优秀的基层带头人不仅可以使党的新政策、好政策落地生根,还能够带领百姓致富。在“水乳交融、生死与共”的沂蒙精神感召下,临沂市各个层面涌现出来的基层党组织和带头人根植群众、深入群众,从群众根本利益出发,发挥“头雁引领”作用,广泛凝聚力量,带动广大群众干事创业。

一、林茂杰:增收探新路　做好乡村振兴的带头人

罗庄区黄山镇东蔡村党支部书记林茂杰在任职期间任劳任怨、无私奉献,着力改善村容村貌,不断探索增收新路,将原本脏乱差的省级贫困村,发展为各项考核都是第一的美丽乡村,用自己的行动践行着沂蒙精神,在自己的岗位上践行着共产党员的初心和使命。

今天的罗庄区黄山镇东蔡村,道路两侧绿植环绕,一座座简约淳朴的农家小院映入眼帘、原生态的竹篱笆、充满历史感的古老水井、360 度全透明星空泡泡屋、家庭农牧场等,徜徉其中,人们看得见乡景、听得见乡音、记得住乡愁,让人难以想象这里几年前还是省级贫困村。以前该村道路坎坷不平、垃圾遍地、尘土飞扬,村集体也没有什么收入,村里的工作难以开展。

2014 年,刚刚到该村工作的林茂杰看到村里的环境状况,心里非常着急,作为村干部他要把这份工作干好。为了打破僵局,推动村庄发展,林茂杰首先对

“两委”班子进行整顿，听取党员意见，整纪律、立规矩，团结东蔡村的领导班子。林茂杰带领村“两委”以村为家、埋头苦干，下定决心要改变村里的面貌。在管理制度上探索建立党建网络化管理，党员分片带户，维护环境、关爱邻里；成立党员先锋模范队，扶贫救助、走访老人，这些举措不仅使党员的使命感和责任感逐渐增强，还使东蔡村的党员与老百姓之间的党群关系逐渐亲密。

为帮助东蔡村脱贫致富，2016 年到 2020 年，临沂市为东蔡村派驻了两任第一书记，林茂杰抓住发展机遇，全力以赴配合第一书记为村里拉政策、拉资金，村“两委”多次开会，通过多种渠道筹集各类资金，以及争取国家政策和基金支持，投资了 120 万元建立党群服务中心，并争取在 3 年内完成脱贫攻坚任务，实现“户户通”全村道路硬化，争取到了 100 多万元的资金建了扶贫产业大棚。修道路，建党群服务中心、老年活动中心，安路灯，搞绿化等各种项目，彻底改变了东蔡村的村容村貌。绿化也好了，亮化也好了，环境美了之后，陆续吸引了很多游客前来观光。

完成了人居环境改造提升后，东蔡村从当初的省级贫困村成为省级美丽乡村，但是村内无产业支撑，村集体收入依然较低。为了提高村民收入，寻找一条适合村庄发展的长远道路，林茂杰做了大量工作，为村庄进行了长远规划。村支部书记林茂杰和村第一书记，经常到其他优秀村庄学习，在学习中发现了自己村庄的优势，并制定了乡村旅游方案，与山东乡遇文旅发展有限公司合作，将村子里闲置的房子打造成民宿，由村里闲置房子改造的民宿、360 度全透明星空泡泡屋、沿河观景大平台、家庭农场等吸引了众多游客慕名而来。游客们住民宿、赏美景，尽情享受乡村慢生活带来的乐趣。在吸引众多游客到村里旅游的同时，村集体和村民的收入都增加了。现在东蔡村已成为临沂市远近闻名的“网红”村。

在林茂杰的带领下，东蔡村的发展规划逐渐清晰明了，未来还将继续围绕现有旅游资源建设青少年研学游基地和餐饮、采摘等旅游配套项目，带动村民就业，增加村集体收入。林茂杰时刻不忘农村当家人的责任和使命。为实现老有所依、贫有所养，林茂杰在村内建设了 1 个纸箱车间和 2 个柳编扶贫加工点，为留守的妇女和老人提供就业机会；为使东蔡庄更好地发展，建设了“老年活动中心”“足球场”“普法广场”和“文化广场”等惠民场所，成立了广场舞队、秧歌队，并邀请演出团队到村里演出，营造东蔡村的文化氛围；开展“文明东蔡”“美在农家”等评选活动，在树新风、立典型中形成良好的民风乡风。林茂杰作为一名共产党员，始终不忘初心、牢记使命，发扬吃苦耐劳、自强不息、无私奉献的沂蒙精神，让东蔡村变得越来越好，让村民的获得感和幸福感越来越强。

二、梁兆利：践行新时代沂蒙精神　实干走上致富路

村民生活幸福，关键靠村里的班子。在沂南县依汶镇后峪子村，梁兆利自1976年起担任该村党支部书记，40多年来他带着村民整山治水发展经济，把一个穷山村发展成为远近闻名的示范村，走出了一条乡村振兴的康庄大道。

后峪子村曾是出了名的“干巴村”“光棍村”“乱腾村”“穷山村”，祖祖辈辈住在山沟里，交通闭塞、严重缺水，是一个连基本温饱问题都难以解决的穷山村，主要靠国家救济。面对这种贫穷的状况，作为党员和村党支部书记的梁兆利深刻认识到，只有凝聚村民的力量才能改变贫穷的现状，提高党的威信。梁兆利带领干部和村民拧成一股绳，不等不靠，年年修路、治水、整山、发展特色林果，村里各项工作有序开展。后峪子村人秉持“路是踩出来的，事儿是干出来的。是党员，就要当榜样；是干部就要做模范”的理念，一步一个脚印。现在的后峪子村环境和村情都变好了，荒山成了花果山，率先成立了专业的果品合作社，并注册了商标，对果品实行统一定价、买卖，从育苗、施药、采摘到销售提供一条龙服务，逐步走上专业化、规模化道路。现在村集体每年收入达20多万元，收入多的家庭每年能收入10多万元，少的家庭收入1万~2万元，村里贫困户全部脱贫。

梁兆利曾说后峪子村的发展是在践行沂蒙精神，也是对“沂蒙精神”的活学、活用。无论何时沂蒙精神都是党员干部宝贵的精神财富，而良好的党群关系是开展农村工作的基础，不管是在脱贫攻坚时刻还是乡村振兴阶段，都应该弘扬新时代沂蒙精神。作为村党支部书记，所做的一切都是为了群众，也必须依靠群众，要时刻发挥“领头雁”的作用。在村党支部书记的带领下，后峪子村走上了致富路。2006年后峪子村党支部被评为“全国先进基层党组织”，2011年后峪子村被中央文明委评为“全国文明村”，并荣获“国家计生工作先进集体”等20多项市级以上荣誉称号。梁兆利在2004年被评为“山东省优秀共产党员”，在2005年被评为“全国劳动模范”。

现在后峪子村的村民都住上了小洋楼，不愁吃穿。村“两委”经过思考后确定后峪子村的发展方向，未来要更加坚定地发展特色乡村旅游、葡萄和李子深加工，以及采摘园等项目，拓宽村民的增收途径。农村基层党组织才是村子的主

心骨，新时期在沂蒙精神的引领下，农村党支部书记和党员干部带好头，乡村振兴才有组织保障。

三、王传喜：负债村变身先进村 当好乡村振兴的“领头雁”

2018 年全国两会期间，习近平总书记在山东代表团参加审议时指出，要打造乡村振兴的“齐鲁样板”，并肯定了兰陵县代村党支部书记王传喜带领村民脱贫致富的做法。这给王传喜带来了极大的鼓舞，他时刻谨记习近平总书记的嘱托，不断加强乡村振兴建设，当地政府也通过启动“头雁工程”，推动抱团发展、共同富裕，助力乡村振兴。

23 年前，兰陵县代村还是一个村集体负债 380 万元，收到法院传票 126 张的“落后村”。当时的代村村委会瘫痪、违建成风、乱圈乱占土地现象频出、环境差、治安乱、人心涣散，村民也分成帮派，后圩子、前圩子、河西三个村闹分家，都想多分集体财产，逃避集体债务。1999 年，致富能人王传喜成为代村党支部书记，他通过大刀阔斧的改革，利用代村流转土地建设兰陵国家农业公园，发展现代农业。2019 年，代村实现各产业总产值 30 亿元、村民人均纯收入 6.9 万元，每户家庭都能享受到 16 项福利“套餐”。

王传喜上任后，首先整顿村务，对偷盗、喝酒、骂街等行为进行惩治，收缴多年来拖欠国家的税费，对村容村貌进行改造。和村“两委”班子一起到腾头村、华西村等全国先进村取经，在考察和学习后决定走集体发展的道路。为了能够使村集体经济发展壮大，让老百姓受益，村“两委”班子决定拿出一部分老百姓的土地进行流转，由村集体统一经营，为此王传喜挨家挨户做村民的思想工作，使土地流转顺利完成。2005 年，王传喜将全村 2 600 亩土地进行流转，由村集体统一经营。2007 年对周边 5 个村的土地进行流转，建设了高标准的现代农业示范园，大力发展观光农业、绿色农业以及食品加工业。代村村民抓住兰陵扩城的机遇，以土地、资金等形式入股，规划建设了代村商贸城，2019 年全年的交易额达几十亿元，代村村民既能在商城做生意，又能得到分红，同时也为周边村的村民带来了致富的机会。王传喜用了 10 年的时间，完成了旧村改造，为村民盖起了楼房，小康楼有 170 户，居民楼 65 栋，想住楼房的，暖气、煤气等设施一应俱全，想住老房子的，村里集中进行规划和修缮，并利用老房子启动乡村记忆工程。现在的代村有自己的村博物馆、村史馆和村报，村里还有专门的村民导游，并在社区建了幼儿园、小学、社区医院和老年公寓等，乡愁留住了，游客也吸引来了。村里家家户户都有集体分红，有劳动能力的村民人人都能找到工作。

村“两委”班子在建设中，注重发展能力强、品德硬的党员同志，现任村委班子成员都已成为致富带头能人。仅个人富是不够的，还要帮助村民致富，为此村“两委”班子制定了党员帮带联系户的制度，带领百姓共同富裕。在文明治安、旧村拆迁、调整土地等工作中，要求党员干部带头向前冲，在王传喜的带领下，代村的“两委”班子公正廉洁，一心为民，代村老百姓的日子越来越红火。

如今的代村，党建强、产业旺、人才聚、生态美、文化兴，成为乡村振兴的样板村。为了让更多的村庄复制代村的发展经验，代村整合周边 11 个村庄，成立联合党委，建设“田园新城”，走共同富裕的道路。按照“绿水青山就是金山银山”的发展理念，“乡村振兴”的发展思路，王传喜不断地完善代村未来的发展之路，“中国知青村”“印象兰陵”等项目也相继落地、开工，这给村庄的发展又注入了新的活力。王传喜与周边发展相对滞后村的村党支部书记抱团发展。为了更好地发展乡村旅游、搞农产品深加工，代村与周边几个村合作、抱团发展，继续流转部分土地。王传喜抱团发展的想法与洼桥村党支部书记朱现营不谋而合，朱现营所在村有闲置的土地，但是一直苦于找不到好的项目，就算有了项目，自身的实力也难以支撑，如今和王传喜抱团发展，不仅找到了发展思路，还能为村里增加集体收入。“众人拾柴火焰高”，2018 年 8 月，王传喜还联合四个乡村振兴“样板”村的党支部书记向全市发出“弘扬沂蒙精神，争做脱贫攻坚带头人”的倡议，四位党支部书记承诺要携起手来，共同推动乡村振兴全面开花。

王传喜说：“有了习近平总书记的鼓舞，我们的干劲儿更足了。”乡村振兴是一个大战略，体现了党中央对“三农”问题的高度重视，它关系着亿万人民的生产、生活，关系到农业产业化、农村环境整治等方方面面。我们要整合资源，抱团取暖，互利共赢，众人拾柴火焰高。以强带弱、抱团发展、共同富裕，这是乡村振兴的发展思路，2018 年 7 月，兰陵县启动“头雁工程”，由经济强村扶持弱村，一起发展、共同致富。兰陵县目前已有 200 多个村在强村的带领和帮助下，走上了共同发展的道路。

参考文献

[1] 中共中央文献研究室. 十八大以来重要文献选编(中)[M]. 北京:中央文献出版社,2016.

[2] 本书编写组. 党的十九大报告学习辅导百问[M]. 北京:党建读物出版社,2017.

[3] 韩鹏云. 乡村文化的历史转型与振兴路径[J]. 华南农业大学学报(社会科学版),2020,19(4):1-9.

[4] 习近平. 习近平总书记系列重要讲话读本[M]. 北京:学习出版社,2016.

[5] 张桂芳. 试论转型时期农村社区文化建设[J]. 兰州学刊,2004(5):213-214.

[6] 魏本权. 从革命文化到红色文化:一项概念史的研究与分析[J]. 井冈山大学学报(社会科学版),2012,33(1):16-21.

[7] 王以第. “红色文化”的价值内涵[J]. 理论界,2007(8):149.

[8] 习近平. 在庆祝中国共产党成立95周年大会上的讲话[N]. 人民日报,2016-07-01.

[9] 习近平. 胸怀大局把握大势着眼大事 努力把宣传思想工作做得更好[N]. 人民日报,2013-08-21.

[10] 习近平. 决胜全面建成小康社会 夺取新时代中国特色社会主义伟大胜利——在中国共产党第十九次全国代表大会上的报告[M]. 北京:人民出版社,2017 .

[11] 中共临沂市委,临沂市人民政府,山东画报社. 沂蒙精神[M]. 济南:山东人民出版,2006.

[12] 临沂市地方史志编纂委员会. 临沂地区志(下)[M]. 北京:中华书局,2001.

[13] 崔维志,唐秀娥. 沂蒙抗日战争史[M]. 北京:中国文史出版社,1991.

[14] 习近平. 习近平在中共中央政治局第十三次集体学习时强调把培育

和弘扬社会主义核心价值观作为凝魂聚气强基固本的基础工程[J]. 党建,2014(3):4.

[15] 薛峰. 沂水县殡葬改革的实践与思考[N]. 中国社会报,2018-11-06.

[16] 王沛. 临沂:新办红白事,村民松口气[N]. 人民日报,2017-08-02.

[17] 习近平. 动员社会各界广泛参与家庭文明建设推动形成社会主义家庭文明新风尚[N]. 人民日报,2016-12-13.

[18] 马文哲. 新时代农村文化建设研究[D]. 长春:长春理工大学,2018.

[19] 魏本权, 陈敬. 红色资源学视野下的临沂红色文化及其产业开发[J]. 井冈山大学学报(社会科学版),2011(1):15-20.

[20] 浙江大学 CARD 中国农业品牌研究中心. 2010 中国农产品区域公用品牌价值评估报告[J]. 农产品市场周刊,2011(2):3-20.

[21] 周绪元,王梁,苗鹏飞,等. 沂蒙特色农产品区域公用品牌建设构建模式与提升策略探讨[J]. 江西农业学报,2016,28(9):107-111.

[22] 杨清. 乡村振兴战略背景下红色文化促进农村基层党组织提升组织力研究——以重庆市秀山土家族苗族自治县为例[D]. 重庆:西南大学,2019.

[23] 农业部农村社会事业发展中心美丽乡村建设课题组. 兰陵现象代村实践——代村同步推进美丽乡村和新型城镇化的探索与实践 [N]. 农民日报,2014-5-16.

[24] 成婧. 以红色文化推进农村精准扶贫[J]. 人民论坛,2019(19):62-63.

[25] 孙伟. 实施"四雁工程"助力乡村振兴[J]. 山东经济战略研究,2019(6):58-61.